빈 방 없음

윤건영 시집

인지
생략

들꽃시선 131
빈 방 없음

지은이/윤건영
펴낸이/문창길
초판인쇄/2016년 06월 25일
초판펴냄/2016년 06월 30일
펴낸곳/도서출판 들꽃
주 소/100-273 서울 중구 서애로 27(필동3가) 서울캐피탈빌딩 B202호
전 화/02)2267-6833, 2273-1506
팩 스/02)2268-7067
출판등록/제2-0313호
E-mail:dlkot108@hanmail.net

값 10,000원
* 파본된 책은 바꾸어 드립니다.

ISBN 978-89-6143-192-7 03810

들꽃시선 131

빈 방 없음

윤건영 시집

| 시인의 말 |

나는 탄핵한다, 이 정부를

한국의 독립운동가에 대해 인터넷 검색을 한다. 이봉창 안중근 유관순 김구 윤봉길 이회영 윤동주 지청천 김좌진 안창호 박상진 최익현 신채호 한용운~~~ 국가보훈처 기록으로 이백열여섯 분의 독립운동가 이름이 있다. 자세한 내용은 다음 카페 '민족반역자처단협회' ⟨http://cafe.daum.net/kokoin⟩ 에서 독립투사의 항일 기록과 친일민족반역자들의 프로필을 볼 수 있다.

친일파의 거두 박정희와 서정주는 내 사전에 매국노 역적으로 기록되어 있다. 박정희와 서정주를 두둔 칭송하는 자들의 변은 일맥상통하다. 독재와 친일엔 토마스 아퀴나스가 규정한 식탐, 나태, 오만, 탐욕, 정욕, 질투, 분노의 7대 죄악이 들끓고 있다. 유신 독재의 회귀를 꿈꾸는, 이 정부가 진정으로 국민의 투표에 의해 선출된 대통령인가 나는 의심의 눈초리를 거두지 않고 있다. 아니 부정하고 있다고 해야 옳을 것이다.

임헌영 민족문제연구소장 인터뷰. "역사를 조작하려는 이들은 영구 집권을 꿈꾸는 사람들" http://media.daum.net/society/others/newsview?newsid=20151123174807377

&RIGHT_REPLY=R22

역사교과서를 국정화한다. 두고 볼 일이지만 사실상 아무런 이슈가 없는데도 정부가 나서서 역사를 바로잡아야 한다고 하는 상황이다. 무엇을 가리고 어떤 것을 자랑스럽게 드러내며 결국 어떤 역사관을 교육하고 싶은지, 무엇이 잘못되었고 고치겠다는 것 역시 없어서 아무도 모른다.

미국에서는 시위대가 폴리스라인을 벗어나면 바로 패버린다. 그리고 경찰이 시민을 향해 총을 쏴 시민이 죽어도 8~90%는 정당하다고 인정받는다, 그게 선진국의 공권력이다. 민주총궐기대회에 대한 새누리당 이완영 의원의 막말이다.

미국의 경우 워싱턴 거리를 행진하는 것부터 백악관 앞에서의 집회도 허용이 돼 있다. 물론 정해진 규정 안에서다. 하지만 한국의 경우 광화문부터 집회 자체가 차단돼 있고 오히려 "청와대로 진입할 경우 발포할 수 있다"는 것이니 이 정부는 과연 무슨 정부인가. 한국은 차벽 자체가 불법인데 폴리스 라인과 비교하는가? 불법이라 정해 놓고, 엄중처벌 강경진압했는데 법이 필요한가.

경찰의 물대포 직사로 농민 한 사람이 쓰러져 뇌출혈로 의식불명, 사경을 헤매고 있고 그 쓰러진 사람을 부축하려는 사람까지 직사를 한 경찰. 또 언론이 침묵하고 있는데

"의사단체, '구급차 물대포' 왜 침묵하나"며 의대생이 대자보로 알린, "경찰, 환자 탄 열린 구급차에 최루액 섞인 물대포 직사… 환자와 의료인 공격, 전쟁터서도 용서받지 못하는 범죄"를 저지르고도 한술 더 떠 민중총궐기대회를 IS(이슬람국가)로 비유, 테러집단으로 강경대응 한다고 하니 이 정부가 바로 IS가 아닌가 싶다. 한마디로 정말 헬조선, 탈조선이 아닐 수 없다?

박정희의 남로당 활동에, 대한독립을 위해 목숨 걸고, 징용 간 일본군을 탈출해서 6천리 길을 걸어서 상해임정에 찾아가서 독립군이 된 장준하 선생, 김준엽 선생을 비롯해 이루 헤아릴 수 없이 조국의 광복을 위해 희생한 많은 의사 열사가 있음은 물론이다.

박정희 친일행각에 대해 말하자면 책 한 권으로도 부족할 것이다. 그리고 이 정권의 수장과 참모들이 저지르고 있는 추악한 언행 역시 마찬가지일 것이다. 그런데도 일각에선 4 · 19학생의거의 봄을 짓밟고 5 · 16 군사 쿠데타를 저지른 박정희를 유신독재를 감행한 인간을 신인 양 동상을 세우고, 일본을 위해 전쟁터 사지로 내몬 서정주 역시 시비와 문학상을 제정하고 시의 신인 양 추앙하고 있는 현실에 참으로 개탄하지 않을 수 없다.

철부지 어린아이인 삼척동자도 알 만한 친일 반민족행위자 박정희는 신경군관학교 2기생 예과 졸업식에서 우등

상을 받고 부상으로 부의 황제 명의의 금시계를 하사받았다. 대열 앞에서 생도 대표로 인사한 사람이 박정희다. 졸업식장에서 재학생의 송사에 답하는 졸업생 답사를 낭독했는데, 그 답사 내용 중에는 "대동아 공영권을 이룩하기 위한 성전聖戰에서 나는 목숨을 바쳐 사쿠라와 같이 훌륭하게 죽겠습니다."라는 구절이 명백히 포함되어 있다.(滿洲日報 1942.3.24)

"盡忠報國 滅私奉公(진충보국 멸사봉공). 이 글귀가 바로 다카키 마사오(박정희)가 손가락을 그어 쓴 '충성혈서' 이다. 이 글귀를 풀이하자면 충성을 다하여 나라에(일본) 보답하고, 나를(私) 죽여서 국가를(公) 받들겠습니다."라는 가미가제식 자폭성 혈서를 쓴 것이다. 혈서지원 기사가 실린 1939년 3월 31일자〈만주신문〉[출처]박정희, 만주군에 '혈서지원' 실로 확인|작성자sayhyang

다까끼 마사오 박정희가 쓴 혈서의 내용을 보면 "일본인으로서 수치스럽지 않을 만큼의 정신과 기백으로써 일사봉공一死奉公의 굳건한 결심입니다." "한 명의 만주국군으로서 만주국을 위해, 나아가 조국(일본)을 위해 어떠한 일신의 영달을 바라지 않습니다. 멸사봉공滅私奉公, 견마犬馬의 충성을 다할 결심입니다." '한 번 죽음으로써 충성함 박정희(一死以テ御奉公 朴正熙)' 라는 혈서를 쓴 박정희. 출처 bbs1.agora.media.daum.net/gaia… 미디어다음 아고라〉 자유토론 그리고 서정주는 "일본지배가 몇백 년은 갈 거라 생각했다." "일본이 그렇게 쉽사리 망할 줄 몰랐기 때문에 친일을 했다"고 말했는데 서정주가 친일문학 작품을 쓰기 시작한 것은 1942년 7월 평론[시의 이야기-주로 국민 시가에 대하여]를 '다츠시로 시즈오'라고 창씨개명을 한 뒤 [매일신보]에 발표하게 되면서부터이다.

서정주가 1944년 12월 총독부 기관지인 [매일신보]에 발표한 그의 대표적인 친일시. 〈오장伍長 마쓰이 송가頌歌〉는 이른바 '자살 특공대'로 알려진(일제는 그것에다가 옥쇄(玉碎:공명, 충절을 위해 깨끗이 죽음)라는 이름을 붙여 미화함.) 가미가제 특공대의 일원으로 전쟁 중 사망한 조선청년의 죽음을 숭고한 애국행위로 미화, 찬양하고 일본과 조선을 일체화시켜 일본군에의 입대를 장려하려는 목적으로 쓴 시다.[서정주의 음모와 윤동주의 눈물/김우종]http://blog.naver.com/PostView.nhn?blogId=suhaja1&logNo=220164111692 그외 〈시의 이야기-국민 시가에 대하여(1942,평론)〉, 〈징병 적령기의 아들을 둔 조선의 어머니에게(1943,평론)〉, 〈인보隣保의 정신(1943,수필)〉, 〈스무살 된 벗에게(1943,수필)〉, 〈항공일에 (1943,일본어시)〉, 〈최체부의 군속 지망(1943,소설)〉, 〈헌시(獻詩1943,시)〉, 〈보도행(1943,수필)〉, 〈무제(1944,시)〉 등이 있다. 그리고 전두환(광주 5·18의 대학살자)의 비열한 웃음을 신라 천년의 미소라고 말한 서정주. 인터넷에 '서정주의 친일'을 검색해 보면 알 것이다. 더 이상 말하면 뭣하랴.

눈을 돌려 박근혜가 박정희 딸답게 독재로 가는 여당의 행보를 거론하자면 이 역시 책 한 권 분량으로도 모자랄 것이다. '김일성 주체사상을 우리 아이들이 배우고 있습니다.' 라고 펼침막을 내걸고 의원총회를 통해 " '시대착오적인 좌편향 역사세력' 을 규탄하는 결의문을 채택했다" 며 "이는 집필자들에 대한 터무니없는 이념 공세" 라고 주장했다.

'친일인명사전 발간' , '친일재산 환수법' , 그리고 "친일반민족행위진상규명특별법안" 에 반대한 의원들을 친일파 혹은 뉴라이트와 일베라고 불러도 될 것이다.

그뿐인가 "역사교과서 국정화" 에, "위안부는 성노예 아니다. 일제 땐 모두가 친일파" 라고 고려대 경제학 교수, 수업 중 상습 망언. "사실이어도 비방 목적이면 명예훼손… 합헌". 테러방지법 통과. 대구출신 울산아지메의 "우리는 나라를 팔아먹어도 새누리당예요". 엄마부대 주옥순 대표 "일본을 이해하고 용서하자", "내 딸이 위안부였어도 일본을 용서할 것이다" 라고 했다.

정말 짐승과 같은 행동을 한 갑질을 심심찮게 볼 수 있는데 특히 피해자들 앞에선 사과, 뒤에선 "내 연기 어때?" 신현우 전 옥시 대표의 이중성 충격 https://t.co/jg2dDQZCRq이라는 인터넷 뉴스를 접하면 우리들 인간의 내면엔 악마와 같은 이중성을 알게 된다.

마지막 교정에 들어갈 즈음 눈만 뜨면 터져나오는 막말, 아래와 같은 국치도 듣게 된다. 정부출연센터장이 천황폐하 만세삼창 http://news.naver.com/main/read.nhn?mode=LSD&mid=sec&sid1=100&oid=277&aid=0003773900http://www.gasengi.com/main/board.php?bo_table=news&wr_id=381567

사드 배치 공식화! 합의 효용성은? 방어 대상은? 사드배치, 결정 꼬리 문 의문http://media.daum.net/politics/others/newsview?newsid=20160708212103053http://media.daum.net/politics/others/newsview?newsid=20160708222007090&RIGHT_COMM=R10

"어차피 대중들은 개, 돼지입니다. 적당히 짖어대다가 알아서 조용해질 겁니다." "출발선상이 다른 것이 현실"이라며 "신분제를 공고화시켜야 한다" http://media.daum.net/society/others/newsview?newsid=20160709203003575

정말 죽고 싶은 충동과 미국처럼 총기자유화였다면 죽이고 싶은 충동 일어난다. 나는 저주한다, 이 정부를. 조국을 지키고자 순직한 의사, 열사 순국선열의 영령이여 이 조국을 보소서.

예수께서 가라사대 내가 진실로 네게 이르노니 오늘 밤 닭 울기 전에 네가 세 번 나를 부인하리라. 베드로가 가로되 "내가 주와 함께 죽을지언정 주를 부인하지 않겠나이다.” 하고 모든 제자도 이와 같이 말하느니라. 내가 예수를 너희에게 넘겨주리니 얼마나 주려나 하니 그들이 은 삼십을 달아 주거늘 유다는 그 때부터 예수를 넘겨 줄 기회를 찾더라.

뿐만 아니라 문학도 역시 아수라장이다. 문학지의 정체성으로 진정 문학을 위해 문학지를 만든다고 자부할 이 있는가? 문학지가 모두 끼리끼리인 동인지로 변한 지도 오래다. 그 동인지마저 밥그릇 챙기기에 정신을 놓고 있는 그야말로 포주와 창녀창녀를 생산하는 매음굴의 장사치들로 우글거린다. 나 또한 그 쓰레기더미에서 빠져나오려 발버둥질치는 안간힘쓰는 폐지일 뿐이다.

이 시집 이수화 선생의 해설엔 저를 길항적 구원의 시학, 심적 고난의 극복시학과 화엄의 길로 나서는 심회라고 했지만 실로 가당치 않은 찬사일 것이다. 다음 시집 발간의 해설엔 정치를 언급한 부분에 대해 신랄한 조언이 있기 바라며, 자살률 10년째 1위인 이 나라가 진정한 자유민주의 복지국가로 거듭나기를 진심으로 기원하는 바이다. 끝으로 8년 만에 내는 이 시집이 나올 수 있도록 도와준 미국의 세 여동생과 조카와 음으로 양으로 애써주신 독자, 그리고 늘 돈 되지 않는 해설로 고생하는 이병옥 박사와 늘 도움을 아끼지 않는 문창길 시인에게 감사드린다.

2016년 봄

윤건영

| 빈 방 없음 |

차례

시인의 말 / 4

제1부 택배 여인숙

태안 구례포 _20
택배여인숙 _21
이어도 산하 _22
물구나무 서는 밥그릇 _24
마음이 귀를 열면 _25
무고의 덫 _26
봄비 · 1 _28
봄비 · 2 _29
사랑 포도청 _30
날마다 소나기 _31
넌 너무 커 _32
청승 _33
지붕과 지붕 사이 _34
이 기괴한 가면 좀 벗겨 줘 _36
옷 입을 때와 벗을 때 _38
환幻 · 1 _39
환幻 · 2 _40

| 빈 방 없음 |

제2부 맨발로 걷는 달팽이

뿌리 _42
어느 작별 _43
환승역 _44
만추 _45
탁발과 공양 _46
황혼시계 _47
절경 _48
밥을 위한 명상 · 1 _49
밥을 위한 명상 · 2 _50
밥을 위한 명상 · 3 _51
밥을 위한 명상 · 4 _52
밥을 위한 명상 · 5 _53
밥을 위한 명상 · 6 _54
고향 _55
맨발로 걷는 달팽이 _56
야간비행 _57
겨울나기 · 1 _58
겨울나기 · 2 _59
반딧불이 _60

제3부 야윈 달의 입술을 보다

싱싱한 슬픔 _62
목탁 _63
바다 · 1 - 태종대 _64
바다 · 2 - 해운대 _65
손톱과 손톱깎이 _66
키 작은 사람의 행복 _67
욕심 _68
떠도는 섬 _70
담배와 술 _71
이것밖에 없어 서운하네 _72
아직도 멀었단다 _74
적막 _76
그래도 바람은 행복하다고 말했다 · 1 _78
그래도 바람은 행복하다고 말했다 · 2 _79
그래도 바람은 행복하다고 말했다 · 3 _80
야윈 달의 입술을 보다 _81

| 빈 방 없음 |

제4부 철새도래지

詩의 자궁 _84
풍어 _85
독경 _86
언어 굴비 _87
문학의 향기 _88
철새도래지 · 1 _89
철새도래지 · 2 _90
철새도래지 · 3 _92
싹 트고 꽃 피고 열매 맺는 _93
세탁물 목록 _94
바다의 똥 _95
찬란한 허무 _96
목선 _97

| 빈 방 없음 |

제5부 망각의 횃대 위에서

춘추전국시대 _100
아라비안나이트 _101
요순시대 _102
비무장지대 _103
언약의 커플링과 불륜의 돛 _104
반찬투정 _105
인큐베이터 풍경 _106
정치의 입 _108
암술과 수술 _109
다시 세탁물 목록 _110
미친 소와 촛불 _111
내 주를 가까이 _112
줄서기 줄대기 _113
청와의 바벨탑 _114
중동호흡기증후군 · 1 _116
중동호흡기증후군 · 2 _117
스포츠카 엔진처럼 _118
망각의 횃대 위에서 _119

| 빈 방 없음 |

제6부 포주와 창녀

영화등급 _122
숙주와 기생 _123
탁란 _124
오존주의보 _125
정사 · 1 _126
정사 · 2 _127
배꼽과 구멍 _128
안경 _129
흘레 _130
티비와 리모컨 - 개살구들 _132
포주와 창녀 · 1 _133
포주와 창녀 · 2 _134
고해 _136
친일과 독재 _138
피뢰침 _139
세종로와 여의도 혹은 이어도 · 1 - 몽룡이와 춘향이 _140
세종로와 여의도 혹은 이어도 · 2 - 신호등 _141
세종로와 여의도 혹은 이어도 · 3 - 비문증 _142
세종로와 여의도 혹은 이어도 · 4 - 별똥별 _143
세종로 여의도 혹은 이어도 · 5 -매혈과 흡혈 _144

제7부 빈 방 없음

불감증 _146
인형의 방 _147
명품 _148
열대야 _149
다시 열대야 _150
빈 방 없음 _151
아름다운 건 _152
파산 혹은 회생 _154
박쥐와 간이역 _155
여의도 복음 - 선거철마다 _156
커튼을 열면 _157
빨간 구두 유리 구두 _158
거미 혹은 독사 _159
권력과 치부 행사 _160
파산 _161
철새처럼 _162

작품해설 | 이병옥 · 고독감에서 파생되는 고통의 시학 _164
작품해설 | 이수화 · 화엄시華嚴時의 포에틱스poetics _174

제 1 부

택배 여인숙

태안 구례포

산소 호흡기에 기댄 죽음이 갸르릉크러룽 가쁜 숨을 몰아쉬며 묻습니다. 당신은 활짝 핀 목련꽃도 보지 못한 채, 봄이 어디에 있는가를 두 눈으로 자꾸만 묻고 있습니다.

한겨울에도 변함없이 벌거벗는 희망이 하나둘셋 눈앞을 가려 꽃잎만 하염없이 떨어집니다. 그 때, 탁발하려고 수없이 왔다 간 모래사장을 공양의 장화발로 꼬옥꼭 밟아봅니다.

수석 만지듯 기름때 닦아 내다 한동안 들여다봅니다. 불붙이면 금방이라도 활활 타오를 새까만 내 마음조차 또 다른 희망의 강으로 가기 위해 갯냄새에 취합니다.

택배여인숙

낙엽조차 제 갈 길 떠나고 없는 간이역이 묘지.

세상에 없는 주소이건만 하얀 가운이 갉아먹은 IMF 녹색페인트 산소통과 호흡기가 삶을 잃어버린 형의 머리맡에 아직도 그대로다. 타임캡슐이 세탁기처럼 돌아간다. 잘 씻겼는지 멈출 때마다 블랙커피보다 더 진한 어둠이 흥건하게 쏟아진다.

목구멍에 가시로 박혀 있는 겨울. 기억의 빗장을 열고 형이 쓰다 보낸 세월을 뒤적이다가, 이게 뭔 짓인가 싶어, 한 자리에 있지 못하고 늘 흩어져 있는 아침점심저녁을 다시 주섬주섬 주워 담는다.

어디선가 적막을 쪼아 대는 까치를 떠올리며 겨울의 가시가 다시 기적소리 듣는 여기는 십만 원짜리 지하 월세 택배여인숙.

이어도 산하

그래 밤에 자지 않는 건 낮에 자기 위한 방편일 뿐이라 과거와 현재, 미래가 동시에 소리 내며 달리는 그 곳 철로 위에 귀를 댄다.

"삶이 그대를 속일지라도
결코 슬퍼하거나
노하지 마라."

단지 눈으로 덮여 있을 뿐 길은 분명 있다. 눈은 늪이다. 신발이 빠지고 발이 빠지고 발가락은 얼어붙을 뿐이니, 나도 눈이 되어야만 길을 만날 수 있을 것이다.

점점 더 깊숙이
깊숙이.

드디어 길에 닿는다. 길이라고 해야 산짐승에게 밟히고 할퀴어 고작 두 평 남짓한 방이다. 방 위에 책상이, 그 위에 컴퓨터, 그 아래 세상이 질퍽거리고 있다.

다시 눈 내린다. 신발 빠지고 발 빠지고 발가락 얼어

붙을 때면, 길과 한 몸을 이룰 수 있을 것이니, 이젠 눈도 귀도 뻣뻣하다.

어머니 얼굴인가 목소린가
저 멀리 어른어른
가물가물.

"설움의 날을 참고 견디면 머지않아 기쁨의 날이 오리니." 과거는 땅이고 현재는 늪이고 미래는 길이라 약속 시간 너머로 헛바퀴 돌다 자꾸만 미끄러져 아무것도 붙들 수 없는 홍등가의 살아 있는 마네킹,

날카로운 심장 깊숙이 깊숙이
아, 이어도
산하.

* ①산불. 꽃처럼 떨어지는 것. ②뒷자리가 좋지 못해 입는 재앙. ③부처에 대한 공양으로 부처 앞에 꽃을 뿌리는 것. ④꽃은 피는데 열매를 맺지 못하는 꽃.
* " " 푸쉬킨의 시 인용.

물구나무 서는 밥그릇

꿈은 웃음보다 피를 더 많이 머금고 있다고 믿는 내게

더 이상 머물 곳 없다는 파도는 아무도 살지 않는 셋방 쪽문 적막을 밀고 들어와 늘 주절거리다 하얗게 입을 다문다.

뜸들일 것도 없는 밥솥은 오래 된 일기장처럼 낡아 있다고 믿는 내가

한 장, 두 장 넘길 때마다 뱃고동 울고 등댓불은 번쩍거리는데 갈매기는 주름진 허공만 비스듬히 쪼아 먹는다. 그래도 국민의 피를 빨아먹는 사색당파 정사는 계속된다.

마음이 귀를 열면

어디에도 없다. 길이라고 여태 걸어왔던 길에 발자국이 없다.

발자국은 늘 무능한 허리춤에 매달려 있다는 착각의 열매를 떨쳐 버린 뒤, 다시 저녁 노을 다시 아침 이슬에 손 씻는다. 그 때쯤이면 그 곳에 살고 있던 공허의 알몸 볼 수 있을 거라고 운다.

공약의 등을 짓밟고 다니는 에버랜드 별들은 사막의 전갈이라고 아직도 뻐꾹새, 소쩍새 울음. 노숙새 신음 듣지 못하는 복지의 사막에서 희로애락을 싣고 연이어 이착륙하고 있는 생로병사. 울고 웃으며 서로 나눠 가졌던 그 아름다운 편린인 동행의 기억 조용히 내려놓고 언젠가는 나도 저 하늘의 손짓을 향해 날개 달게 될 것이라고 운다.

마음이 귀를 열면 도마 위 칼의 비명도 목탁소리다.

무고의 덫

저 대나무도 죽순이었을 적 있었을까. 저 안테나도 귀 있었던 적 있었을까 그 옹이 입을 열면 어제처럼 텅 비어 있다. 행선지가 없다. 다만 우체국 소인만 있을 뿐이라고 쿡쿡 허공을 찧어 대는 지겟작대기.

폭행과 강제추행 약식명령에 대한 불복으로 정식재판 청구한 춘천 법원 3호 형사 법정 피고 소환장에 내가 앉아 있다.

칼과 방패, 총과 방탄복 구식과 신식의 대결이다. 코걸이, 귀고리 그 밥에 그 나물. 판사가 바뀌고 두 번째다. 경감인 오빠가 합의서에 액수는 쓰지 말라했다더니 속전속결이다.

춘천법원 선고일, 누가 봐도 무죄일 텐데 형량이 약식명령과 다름없다. 이가 두 개나 빠지는 폭행을 당했는데도 나는 때리지도 않았는데도 불리하니까 오히려 내연의 처가 자신을 추행했다고 고소장 제출이다.

모함, 중상, 허위, 불의, 무즉유무즉무無卽有 有卽無 그

타깃 티켓에 바위가 되느냐 달걀이 되느냐 절망, 권태, 허무, 고독 아직도 지게작대기엔 눈금이 없어 다시 또 항소다.

코고리 귀걸이 청사초롱 불 밝히는 법의 엘리베이터. 피고 지는 꽃의 안부 춘천법원 가는 길 살고 죽는 문답에 폭행은 쌍방이라 벌금형, 강제추행은 무죄를 받았는데 검사가 대법원 상고를 한다. 다시 무죄다. 법의 입은 반쪽이다.

봄비 · 1

비가 옵니다. 방바닥이 온통 A4용지로 발 디딜 틈도 없이 인산인해를 이루고 있는데 비가 찾아옵니다. 서너 푼 벌어보겠다고 그래도 그게 어디냐고 별 계산도 없이 불쑥 받아든 신인시인의 첫 시집에 들어갈 詩 뭉치 한보따리 펼쳐 놓고 하나씩 어루만지는데 비가 옵니다. 근한 달여 만지는 동안에도 몇 번 다녀가기도 했지만 오늘은 그래도 이 빈 집에 찾아준 것만 고마워 유난스레 푹 빠져듭니다.

아무 말 하지 않았어. 그런데 왜 복받치는 설움이야. 그걸 내가 어떻게 알아. 아마 네가 울먹이고 있는 탓일 거야

비가 옵니다. 장맛비까지 사랑하는 내 맘을 적시며 다시 소곤거립니다. 그렇게도 내가 보고 싶었냐고 그 동안 외롭지 않았냐고 이젠 제법 큰소리로 외칩니다. 그럴 때면 웁니다. 하늘 나라 아버지와 어머니 그리고 형과 누나 다함께 그렇게 덩달아 웁니다. 밥 해 주는 여자 없이 아직도 혼자 사랑 없이 지내냐고 머리와 등 쓰다듬어 줍니다. 이내 내 온몸이 흠뻑 젖습니다.

봄비 · 2

진실인 체 내게 다가와 도끼 자국만 남기고 모두 제 잘났다 우쭐대며 떠났다고 봄이 웁니다.

10년, 18년, 나눴던 문학과 우정의 배신. 그 모두 자신의 잇속을 위해, 배움에 매달리던 시집 내기 위해 매달리던 시인도 하루아침에 등 돌리고 마는 풍조에 찢어진 가슴 달래려고 웁니다. 더 이상 어리석은 짓 하지 말라고 베풀지 말라고 이 덧없는 세월에 모두 잊으라지만 씻어도씻어도 묻어납니다.

내 가슴을 지진 네 손은 인두라고 나는 네 흉터라고 아직도 봄의 울음은 그치지 않습니다.

사랑 포도청

상갓집에서도
묘지에서도 맛있게 먹어 대는
소고기국밥처럼 나도 소국밥될 거라고
깊숙이 대바늘 박혀 있는
내 머리 속 추억나무
가슴 가마솥에 넣고
푹 졸인다.

나는 뉴스가 아니니, 세월의 구석구석 현미경으로 들여다볼 수 없으니, 신문고 신음 소리조차 전달하지 못하니, 저 망할 정치권력과 권력의 하수인 그리고 문학의 권력 그 모든 욕망은 돈에서 나오는 것이니, 돈이 그 덕치를 주무르고 있으니 사회로 환원하는 재벌의 덕행은 없는 것이니

변심한 여인네
움켜쥔 돈다발 흔들며 키득거리는데
어묵이 된 추억나무 속
깊숙이 박혀 있던 대바늘
다시 목구멍에
걸린다.

날마다 소나기

낮밤 구분 없이 자고 깨는 하루. 잠에서 깨면 또 살아 있구나.

덧없는 하루 앞에서 밤새 그칠 줄 모르고 창문 앞에서 울던, 아직도 낯선 여름비가 이제야 조용하다. 울음 그쳤나 보다. 그쳤나 싶더니 또다시 징징거리기 시작한다.

이번엔 행님 행님 사랑해요로 뒤따르던, 답십리로 이사 온 뒤 부쩍 가깝게 다가와 어느 날 갑자기 내 뒤통수 때리고 달아난 이젠 부쩍 낯익은 광우다.

어제나 오늘이나 진실과 거짓의 그 사이엔 비가 내리고 길이 흐른다.

길이라고 오늘도 촛불 들고 다시 걸어간 길. 길도 없고 사람도 없는, 길 아닌 그 길에서 외로움과 그리움, 기다림 모두 모아 하얗게 씻어 내고 싶은 밤. 이 밤도 시큼씁쓸한 詩만 형광등 밝히고 있다.

사람으로 입은 상처는 사람으로 아물게 된다고 된장찌개는 아직도 끓고 있다.

넌 너무 커

성욕과 식욕의 명상이다.

조그마한 사발을 엎어 놓은 듯한 가슴을 가진 여인과 볼링이나 한 게임 했으면 하지만 재미난 영화도 1시간 30분이면 끝나고 화장터 화장도 1시간 30분. 생사가 다 그렇지. 영원할 것 같은 하늘도 떨어진다는 걸 찰나의 아름다움을 밤하늘 저 유성들이 말해 준다.

오줌을 누면 당뇨가 카페오레 거품으로 어화둥둥. 일주일 약 먹지 못했더니 혈압이 승천하고 있다. 탐욕 사기. 쾌락의 환희. 미끼. 증오와 폭력과 타락의 문은 항상 구멍. 불쑥불쑥 식욕과 성욕이 복제되어 나오는 구멍 기억의 동굴에 집을 짓다 주인 기다리는 상갓집 구두 반들반들 개기름 흐른다.

가슴이 작은 사람이 좋아, 그런데
여의도 넌 너무 커!

청승

영화 〈연애의 목적〉을 보는데, 포장마차 밖에서 오줌 누는 장면에서 소주 생각하는데 나도 갑자기 요기尿氣를 느낀다. 과거의 무릎 사이로 시름시름 흐르는 詩의 강에 빠져 환갑의 늙은이 오늘도 청승이다.

자린고비 머리에서 여자를 지우면 아무도 없는 빈 집에서 달을 건져 품는다. 푹신하게 젖은 시간에 드러 누워 기억의 수레를 밀 때마다 마네킹이 되어 버린 시간을 되새김질하지만 토해 내는 봄마다 말라비틀어진 꿈의 정액뿐이다.

가난이 천직이라 셋방살이 지겹도록 전전하여 오늘은 답십리에 머물고 있다. 부자가 뭔지 행복이 뭔지 몰라도 삶과 죽음의 죽살이를 캐고 있음에 어둠도 만지고 기쁨도 만지는 이 모두 허리 굽은 그리움의 낡은 문을 열면 금세 절벽이라고 테니스하듯 전기채로 모기를 잡고 있다. 들여다보면 혈세가 흥건하다.

지붕과 지붕 사이

발 헛디딘 햇살 한 줌 먼지를 가르며
쏟아진다.

죽음의 엄지가 아무것도 없는 내 정수리를 마냥 짓누르고 있어 죽음의 손을 잡을 때까지 죽음과 논하리라.

아무도 살 수 없는 내 정수리 깊숙이 똬리 틀고 있는 유와 무를 끄집어 내 헤드폰 속 팝송이나 명상음악에 파묻을 때면 그래도 잠시 나를 잊을 수 있어 좋다.

기억을 망각 속에 묻어 두고 싶어 기억의 손과 발이 분주하다. 오늘은 뭘 건져 어디에 놓을까.

지붕과 지붕, 벽과 벽의 다툼에 짓눌려 어둠만 내려앉은 지하 창문 틈을 비집고 빗방울 날아와 내 뺨을 두드린다. 컴퓨터 가득 빗방울로 채워지면 내 꿈도 흠뻑 젖는다.

달걀은 돌과 함께 춤추면 안 된다는 말을 어디선가 들었다고 다 쓴 부탄가스통에 못질을 한다.

못다 웃은 웃음처럼 피시식 빠져나오는 그 때처럼 내 몸을 열고 네 눈 속으로 들어가면 그늘이 잘리고 뿌리가 운다. 눈물냄새는 구수하다.

내가 짊어지고 다니는 가방엔 온갖 상처들로
가득하다.

이 기괴한 가면 좀 벗겨 줘

왼손으로 쌀 씻는다. 빨래를 한다. 잘 말린 옷으로 잘 익은 손을 먹는다. 기둥이나 벽 기어오르거나 언제 어디서나 네 손 놓지 못하는 나는, 시간이라는 화석이다.

저만큼 앞서 가다 불현듯 뒤돌아서서 가는 그림자에 매달리다 활자 밑에 있는 내 얼굴의 그림자를 읽으려 안경을 벗는다.

꽉 다문 밤의 입술을 열고 달거리하는 저 달도 필시 암컷이라 달마의 애첩이리라. 타워팰리스 뻣뻣한 아랫도리에 달라붙은 욕망의 젖꼭지, 식욕과 정욕 생각의 벌레들도 집요하게 달라붙는다.

우글거린다. 오직 연극만이 현실이요 진실인 나는 내 자식이나 네 자식이나 간에 새끼들을 제일 무서워한다.

절벽을 메고 달리는 바람들 탐욕의 판도라에 짓눌리다 밀린 방세를 주고 난 뒤 후련함보다 편도 1차로 시간의 운전대 고삐를 잡고 과속하고 싶다. 시간을 부러트릴 힘이 있을 때 그만 부러뜨리고 생을 접고 싶다.

어둠을 베고 누우면 희망은 늘 문지방 넘어나간다. 저 문지방을 넘는 것은 어둠도 희망도 아닌 내 오늘이라 내 발걸음마다 사랑이 눕는다. 일어선다. 딱히 할 일이 없어도 밤은 금세 지나간다.

옷 입을 때와 벗을 때

국수가 쌀인 양, 그것도 없어 풀죽을 끓여 먹었던 시절 밤마다 보물지도 그리던 어린 아이, 오늘은 라면에 국수를 넣어 양을 불리며 저만치 입동을 보내고 있다.

옷 입을 때와 벗을 때를 아는 가로수를 보면 나는 올 한해 뭘 입고 뭘 벗었는지 모르지만 12월의 뒷문을 열 때면 다시 또 시간의 상처인 몸과 마음의 주름살과 마주칠 것이다.

죽음이라는 평화의 골짜기에 들어서게 되면 알게 될 것이다, 그제야 잊고 지내던 사망이라는 친구를 만난다는 걸.

환幻 · 1

추억의 가슴에
얼굴 깊이 묻고 아침을 씻다가
물에 뜬 빈 바람을
골라 낸다.

아직도 어머니 젖무덤 그리운
나는 어린아이

그래도 배고플 때가 제일 행복하다고
조금 남은 미역국
꿀맛이라고

허리춤에 매달린
하루를 위해, 주머닌 비었어도
가득 잡히는 행복을 위해
허리띠 조인다.

당신 생각하며 늘 혼자 밥 먹는 남자
거울 마주하고
웃는다.

환幻 · 2

기억이 샘물에 입술 처박는다.
고시공부다.

너는 어디로 왔는가.
산파, 조산원, 산부인과 어느 자궁에서 나와
영안으로 가는 것인가.

어머니 살아 계시면
어머니만은 오냐오냐 내 머리 쓰다듬어 줄 텐데
팻말 글씨 오른쪽에서 읽으면 만사형통인
입산금지 풀릴 텐데.

나비가 번데기에서 나올 때
사람은 비린내 나는 시간을 버리고
날개를 다는 것이다.

두둥실 떠 있는 기억의 애드벌룬
그 주머니 속에서 날갯짓하는 나는
식물인간.

추억의 베란다에서 훌쩍훌쩍
비를 마신다.

제2부

맨발로 걷는 달팽이

뿌리

신용불량으로 신음하고 있건만 11일까지 전기세 내지 않으면 단전하겠다는, 12일까지 전화세 내지 않으면 쓸어 버리겠다는 태풍 지나간 뒤, 뿌리를 내놓고 말았다. 8차선 도로에 전신주와 함께 드러누웠다.

서너 토막 아니 예닐곱 토막으로 잘려 나간 뒤, 누구에겐 잠들 관이 될지도 모른다는 행복에 취해 그래도 환하게 웃는다. 웃음이 두꺼워질수록 어릿광대춤의 뿌리는 더 빨리 잘려 나간다.

오늘은 추억에 볼모로 잡힌 상처뿐인 맨발로 절간 마당에 들어선다. 언제나 탁탁탁 목탁새 날아오르는데 풍경이 된 나는 그저 산사의 바람으로 조용히 마음을 훔칠 뿐이다. 뿌리, 다시 새살 돋는다.

어느 작별

팔 벌리고 선 욕정의 연리지 옆 나루터의 조화를 지나 무릎 꿇는 생화다. 비 내린다.

기억의 종착역에 기대 서면 찾아오는 통증이다. 뒤돌아보면 너는 벌써 저만치 깔깔깔 소리 내며 손 흔드는 애증의 편린.

못내 그리워 네 허리 부여잡으면 머리부터 발끝까지 금세 흠뻑 젖는다. 그 날 저녁 내 몸은 당신 배신으로 씻고 당신 마음은 내 용서로 씻는다.

뿌리 없어도 꽃병 없어도 왁자지껄 입덧하는 생화가 오늘은 떠난 지 오래 된 조화 앞에 향을 피운다. 다시 또 비 내린다.

환승역

추위도 더위도 모르는 거울 속에서 잃어버린 봄의 자궁을 찾는 몸의 기억, 비 내리는 지하도 계단처럼 층층이 쭈그리고 앉아 삼일장 기다리고 있는 희망은 일몰이다.

오늘은 오늘만큼 내일은 내일만큼 살거나 죽거나 아직도 끝나지 않은 저편 사랑 출렁이는 시간의 양수를 마신다. 그저 눈 감고 뜨는 시간의 늪에서 詩의 바늘로 그저 쿡쿡 찔러대며 죽어야 낫는 병을 앓고 있을 뿐인 서울역.

저 속은 밤 까만 밤. 신호등 건널목 남김없이 모두 건너버린 세월이 켜켜이켜켜이 쌓여 이루어진 납골묘지. 저 속엔 오가며 만난 신발, 제 품삯으로 한 켤레 무게로 봉안함 · 추모함 · 납골함 한 아름. 전기장판에 눌러 붙은 내 삶이 허릴 뒤척인다.

마음 텅 빌 때마다 마음 너머 있는 마음을 헤아려 보던 죄 많은 피에로 언제나 한 발은 물에 잠겨 늘 젖어 있어 십 원이나 이십 원에도 허리 뒤틀던 삶 덧없이 비워질 때마다 마음 속 마음을 끄집어내지만 달거리 끝났다고 다시 입덧하는 환승역.

만추

봄의 배꼽에서 떨어져 나온 벌거숭이들 그래 한동안 뜨겁게 달아올랐지. 붉게 물든 머리카락 너머 춤추는 꼭두각시 그 짓도 얼마 남지 않았지.

가만히 귀 기울이면 네 눈에만 아름다웠을 뿐 아무 말도 하지 않았다고 다비 전 삼매에 든 나뭇잎 핥고 있는 달의 혀.

윤회의 길목에 든 단풍, 저기 저 세발자전거로 가는 황혼, 3월이 헛구역질하는 내 귀빠진 날, 그 날의 순결로 다시 돌아가는 황혼이 쓰레기통으로 들어간 신발의 기억을 끄집어낼 때마다 꽃잎 쪼아 대던 아침이 우수수 떨어진다.

서서히 드리우는 사랑의 그물. 꽃의 배꼽에 매달리던 바람의 詩가 쓰러진다.

시작과 끝은 결국 남자와 여자 이야기라고 만날 때마다 떠날 거라고 보낼 거라고 필연이라고 재건축할 수 없는 예순의 거울 앞에서 백발로 저 혼자 웃는다.

탁발과 공양

꽃을 잃은 벌나비, 떼 지어 허리 굽은 지하도를 날고 있다.

아가미, 지느러미, 비늘 아직까진 쓸 만해 이만한 수족관이라도 내겐 자연이라고 지하계단 10계단 더듬더듬 내려간 다음 다시 다섯 걸음 옮기면 나타나는 자취 셋방.

달도 별도 없는 밤. 길 잃은 시간이 문 두드릴 때면 떠났다가 늘 되돌아와 눈물 적시는, 내 등 다독이는 어머니. 24시간 떠나지 않는 내 신앙인 어머니. 탁발과 공양으로 덕을 이루신 어머니. 내 죽은 뒤에도 부르짖을 어머니. 꿈에서도 걱정이신 어머니. 내 지문인 어머니.

먹어도 먹어도 허한 밤 기억의 진물은 결코 마르지 않는다. 생인손 앓는 닳고 닳은 지문이건만 언제나 그 자리에 앉아 추억을 헤집을 때 가난이 천직인 詩가 있으니 배고플 일 없다고 골동품이 된 전차가 월사금 없어 자퇴한 중학교 교문 앞으로 이따금 지나간다.

황혼시계

늘 같은 속도로 오늘과 내일의 재를 올리던 초침이 시간의 이랑에 발 헛디뎌 제자리걸음할 때면 내 두 발에 박힌 세월이 운다.

탑골공원 종로3가 지하철 역 계단마다 지나간 봄을 헤아리고 있는 표정 없는 늙은 가을. 싹 내고 꽃 피우고 열매 맺다 짓물러 터진 엉덩이 아직도 끝나지 않은 귀거래사 읊는다.

윤회의 환승역. 그 적막의 관 속에 빨대 꽂는다. 회자정리 타임머신을 타고 가던 황금새 한 마리 일몰에 잠기면 나태한 밤 결가부좌하고 문지방에 걸린 삶의 의미를 찾는다.

절경

번데기에서 나와 흠뻑 젖은 몸뚱어리 말린 후 나비가 될 때 사람은 헛구역질하는 날개를 다는 것이라고 발신인 수취인 가리지 않고 온종일 꽃잎 쪼아댄다.

꽃잎 다 떨어질 때면 언제나 수의壽衣 입은 아침이 이승과 저승의 경을 읽는다, 생과 사, 화장터 화구와 칸막이 사이 150분 정적 저쪽은 시간의 밖, 150분 정적 이쪽은 시간의 안이라고.

사흘 장례 끝나면 사랑의 이정표 뽑아들고 너나없이 다시 휘적휘적 길 떠나는 민들레를 뒤로 한 채 두둥실 떠 있는 기억의 애드벌룬을 타고 떠난다. 낙산사 홍련암 마루바닥 내려다본다. 절경이다. 윤회의 파도소리. 여전하다, 쿵쿵쿵 갯바위 두드리는 원효의 주장자 소리.

밥을 위한 명상 · 1

퉁퉁 불어터져 축 늘어져 있는 여름 옆에서 구하고자 밤이면 좀 더 큰 소리로 못 박는 어둠과 함께하는 구둣발자국 소리, 울음 먹는 영안실 길 찾아 떠난들 죽어서도 얻지 못할 집이건만 당신은 어이해 화장터 흰 꽃으로 피는가.

숭고한밥희생의밥기도의밥봉사의밥. 밥밥밥 여기서 詩가 되려면 무엇이 더 필요한가. 거미밥독사밥버마재미밥전갈밥악어밥. 밥밥밥 여기서 밥 찾는 기억의 항로를 걷는다. 마음이 한낱 밥에 지나지 않는다면 밥을 위한 명상이라도 해야 할 것 아닌가.

한 움큼씩 솎아 내는 강남 전철역 6번 출입구 계단에 코를 처박고 기다리는 걸인, 돈 떨어지는 소리 들릴까 귀 기울인다. 귀 기울이면 팔월도 낙엽처럼 하나 둘 얻은 만큼 누린 만큼 셋 넷 떨어지는 중환자실 너머 영안실 당신은 어이해 흰 꽃으로 지는가.

밥을 위한 명상 · 2

하늘이 흐렸는지 맑았는지 그날 일기는 기억하지 못한다.

양양행 고속버스에 올라 다시 겨울을 끄집어 낸다. 제자와 마주 앉은 늦은 저녁 밥상 앞에서 저 혼자 홀짝홀짝 참이슬 비우다 수업은커녕 그만 눈을 감고 만다.

한밤중 뜬금없이 살랑살랑 옷깃 잡는 밤바람의 성화에 시달리다 눈 뜨고 보니 어느 새 겨울이 나뭇가지로 바라춤 추고 있다. 늦은 아침 해장술로 살풀이하는데 쌀 가지고 가겠냐고 넌지시 물어 본다.

동서울행에 몸을 싣고 밥에 대해 이런저런 생각에 잠긴다. 예전엔 아무렇지 않게 여겼던 일들을 데리고 왜 그리 힘들어하냐고 물음표 수놓는다.

떠도는 시간의 섬 터미널에 닻을 내리니 시름의 비가 촉촉이 반긴다. 내 등처럼 굽은 2호선 5호선 종착역인 부엌에 들어서니 그제야 물음표들이 부글부글 끓어 넘친다.

꿈나라 어머니 빈 쌀자루에 담긴 사랑을 아직도 나는 알지 못한다.

밥을 위한 명상 · 3

나라미 새 포대를 끌렀다. 앞으로 두어 달 다시 살아가야 할 육십 가지 고해인 내일이 아무런 표정 없이 올려다본다. 냉담하기만 하다.

지하철역 지하도 노숙자, 종묘 탑골공원 노인네의 얼굴이, 내 얼굴과 겹쳐져 타르와 니코틴에 절여진 채 방구석을 맴돈다.

절룩거리는 시간에 잘 버무려진 전기밥통 앞 먹다 흘린 김칫국물, 된장국물, 미역국물 닦아 낸다. 피 같은 밥알갱이는 다시 주워 먹는다.

고삐 풀린 계단을 오르면 늘 무릎이 시큰거린다. 그렇게그렇게 나라미 한 포대 재활용할 수 없는 내 몸뚱어리에 채워지면 12월의 어둠이 목을 길게 빼고 숨 가쁘게 31일을 행해 달린다.

* 수급자와 차상위에게 제공되는 정부미.

밥을 위한 명상 · 4

나태한 밤 다시 불 밝혀
어둠을 찢어 보면 복지에 베인 희망이
폐허가 된 갈비뼈를 가리고 있는
뱃가죽 만지고 있다.

밤夜의 옷인 詩옷 한 벌 완성할 무렵
동이 튼다.

저만큼
양동이 한 가득 출렁이는 햇살을 담고
아침이 어거적어거적 걸어갈 때
10도 실내온도조절기
비명이다.

저녁밥 지을 포대가 터질 때
나라미가 흰자위 드러내고 거품을 물면
하얀 겨울, 까만 겨울, 빨간 겨울
수평으로 수직으로
다시 깁는다.

밥을 위한 명상 · 5

환갑 생일에도 어김없이 잡는다.
서너 마리 죽인다,
바퀴벌레.

답십리 피서지
그늘을 쥐어짜면 희망이 떨어진다.
시간의 발목이다.

부엌문 열고 지하계단 올라가면
저마다 봄이라고 희희낙락
널브러져 있는데

고드름은 아직도
지천이다.

희망이라는 음식은
언제나 변함없이 달콤해.
짓물러터진 답십리의 여름을 짊어지고
지하철 속으로
뛰어든다.

밥을 위한 명상 · 6

손발 서러운 계절
날 때부터 시작된 죽음
관을 향해 기어간다.

위 어금니 양쪽 다 도망가고 벽난로인 양 떡 벌린 아래 잇몸을 육 년 만에 메웠는데 좌측 아랫니 두 개 다시 부러져 윗입술 깨물어 자꾸만 해진다. 피 난다.

봄여름가을겨울
계절마다 서로 다른 바퀴벌레
가슴 휘젓고 다니는데 끊이지 않는데
이 얼굴 이 입술로 건너고 있다,
시간의 징검다리.

고향

관의 길에서 반듯이 누운 어머니 생각하면 고향 냄새가 난다.

기억의 무덤을 열면 보인다. 꽃이 좋아 꽃 닮은 어머니. 숟가락 들다 멍하니 바라보시던 어머니 텅 빈 눈망울. 오늘도 그 울음에 매달린다.

끼니때마다 늘 엄마 찾는 철부지. 단풍 들고 낙엽 지면 바스락거린다. 그 옛날 빨래터 찾으러 고향으로 가는 육순 능선에 서서 내 어머니 쏙 빼닮은 보름달을 본다.

맨발로 걷는 달팽이

방탄조끼 잃은 달팽이 한 마리와 오늘과 내일의 신문 위에 사계절 내내 쭈그리고 앉은 시간은 지금쯤 뭘 생각하고 있을까

어디쯤 끌려왔는지 돌아보면 58년 기축년이다. 저 소는 아직도 일회 용 털을 깎고 있다. 꼬리로 쓸면 머리털 수북하다. 육십갑자 천간십이지 토사물이다.

봄 오고 봄 가고 여름 오고 여름 가고 가을 오고 가을 가고 겨울 오고 겨울 가고 그렇게 봄여름가을겨울이 있어 오고 가는데 지하철역 저 가난들은 지금쯤 뭘 생각하고 있을까.

詩가 재떨이에 수북하게 쌓일 때 어둠이 자정을 건너고 있다. 자정 건너편 답십리 평화시장 곱창골목에서 밤이 익어 가는 소리를 고양이가 듣는다.

야간비행

어둠이 죽음처럼 곡릉천 둑길을 덮고 있다. 그런 날은, 생각이 없는 빈껍데기들만 무료하게 적막을 끌고 다녔을 뿐이다.

벽제화장터 쪽으로 걸음을 옮긴다. 무섭게 귀를 파고드는 발자국 소리 옆으로 자동차 날쌔게 지나간다. 머리와 꼬리에 불이 인다. 우리네 삶도 저렇게 순식간이다.

한 걸음 두 걸음 매표소 지나니 개구리가 자지러질 듯 목청을 찢고 있다. 다시 한 걸음 두 걸음 발을 떼자 화장터 왼쪽 소로 밑 연못이 쥐죽은 듯 순식간에 잠잠하다. 귀기가 온 몸을 두어 바퀴 휘감아 돌더니 이내 사라진다.

달이 가로등처럼 가까이 오더니 머지않아 동이 틀 거라며 멋쩍은 듯 싱겁게 웃는다. 죽은 자들이 그토록 갈망했던 아침이 온다는 낯익은 속삭임도 듣는다.

벽제화장터의 어둠을 뜯어 내며 고개 너머 오솔길을 다시 걷는다. 껍데기뿐인 집에 다다라 쪽문을 연다. 물밀듯 쏟아져 나와 안기는 열대야.

겨울나기 · 1

그 누가 죽음의 엽서를 뿌리칠 수 있겠는가. 달콤한 삶의 암덩어리 갉아먹고 즐기던 이카로스. 자연을 입고 사는 촌로의 소박한 웃음 그리운 날 묵직한 처방전을 들고 병원 문 나서는 사막을 본다.

서울은 온통 달로 가득하다. 달세 방, 월세 방, 셋방, 사글세 달거리로 홍건한 비린내다. 이슥고 벼룩시장 가로수 교차로에서 헤맨 아침 이슬을 털어 내던 햇살이 벌써 저녁 노을에 걸려 있다.

우편물처럼 죽음이 찾아온다면 도금된 도시의 링거를 꽂고 반길 것인가. 윤회의 수레 끌고 가는 날개 없는 몸뚱어리 오늘도 한사랑 병원 문 밀고 당긴다.

당뇨 · 고혈압 · 고지혈 · 역류성식도염 · 관절염 · 척추협착증 온갖 염마왕 앞에 무릎 꿇고 삼킨다. 2종 사약을 받다가 다시 1종 사약도 삼킨다.

새벽을 구워 먹던 어둠이 날카롭게 손톱을 세우고 친일과 독재의 자동차 클랙슨 소리를 내며 가난에 지친 난민의 고막을 마구 찢는다.

겨울나기 · 2

내 소원은 주머니가 없다는 수의조차 필요 없는 대학병원 인체연구 실험용 마루타가 되는 것. 그런 다음 남은 찌꺼기 산과 들, 강과 바다에 뿌려져 자연의 밥이 되는 것이면서도 여태 하루를 더듬고 있다.

잔뜩 웅크린 채 오가는 시간의 행간이나 자간 사이에 숨어 있는 사랑이 겨울의 어깨를 본다.

두 달에 한 번 20kg 나라미 한 포대. 답십리1동 부녀회 김치 10kg. 11월 생계비 93,540원, 주거비 24,350원.

지하 셋방 난민의 주머니 속 겨울조차 부러운, 겨울을 끌고 가는 홈리스 노숙자를 본다.

꼬깃꼬깃 깊숙이 감춰 둔 돈 잊고 있다가 손에 쥐던 날 함박웃음 지었던 그런 날, 배도 마음도 불러 좋았던 내 태어날 적 처음 입었던 배내옷에도 주머니 있었을까 문득 떠올린 물음표가 날선 갈고리로 눈을 뜬다.

반딧불이

늘 허기지는 주머니라도 나라미 쌀 포대 속에 담긴 두 달 치 가을이 풍성하다. 저 풍성한 거짓말 드라마에 버쩍 마른 밤의 입술을 빤다.

가을이 겨울의 문턱을 지나고 있다. 낙엽처럼 굴러가는 사람, 자신이 어디쯤 가고 있는지 알고나 있을까 그 사람 몸에선 언제나 눈물냄새가 난다.

저 위에 매달린 깃발은 아스팔트나 지하도로 하릴없이 굴러다니는 희망이건만 어둠의 물레를 감던 손에 시간의 비늘이 떨어진다. 방금 지은 밥에도 담배냄새 나는 지하방 사글세도 과분하다고 머지않아 내릴 것이다.

수입구두 인기가 하늘을 찌르고 있단다.

제3부

야윈 달의 입술을 보다

싱싱한 슬픔

지하 부엌 맞은 편 건물 지하 셋방에서 지금 몇 시간째 부부싸움 중이다.

용산 4구역 불길 잦아들면 초상화의 홍수로 다시 떠밀려간 죽은 시간을 만진다.

한 해 실종사건 6만 건 중 미해결 3천 건 2009년 2월 11일자 다음사회면 올해 들어 부산에서만 42일 동안 53명 자살.

머리는 항상 도마 위에 올려놓고 뛰어내리기 좋은 풍경 만날 때면 두 팔을 활짝 펼치고 활강하는 꿈을 꾼다.

바람의 조각 움켜쥐고 넋 놓은 낙지처럼 싱싱한 슬픔이다.

목탁

저 구멍 속 환희의 비명.

백팔번뇌 해인海印으로 가는
징검다리.

누가 저토록
구도의 빈 마음을 쏟아 낼 수 있으랴.

달마 · 혜능 · 마조 · 백장 · 조주 · 황벽 · 임제 · 운문
원효 · 보조 · 서산 · 사명 · 경허 · 용성
만공 · 한암 · 만해 · 성철…….

많고 많은 조사 선사를
만난다.

하안거 · 동안거
결제結制와 해제解題
화두의 폭포.

바다 · 1
- 태종대

살풀인지 탑돌인지
저도 모르는
바다.

갯바위, 벼랑마저도
핥고 나선 꼬리 감춘다.
늘 그 짓이다.

염불인지 기도인지
저도 모르는
바다.

하필이면 저 곳에서
은빛금빛 마음 퍼질러 놓고 갈까
알기나 할까

엎어지고 일어서는
가고 오는, 쉼 없이 되풀이하는
미완성의 자궁.

바다 · 2
- 해운대

폐경을 모르는 그 여자
돛이며 닻인 그 남자
하고 싶은 대로

저 난봉한 것
저 화냥한 것

서 있거나 누워 있거나
그저 벗고 입으면 되는
하고 싶은 대로

저 쌍한 것
저 미친 것

바다는 파도로 와서
회임이든 불임이든
하고 싶은 대로

저 순결한 것
저 우렁찬 것

손톱과 손톱깎이

나흘이면 늘 초승달
바람이 키운 초승달
바람에 스러진다.

손톱을 깎는 건
우수에 찬 늙은 광대의
심심풀이.

기억도 과거도 될 수 없는
나흘간의 시간이
스러진다.

종착역 다다르기 전까지
그렇게 할퀴고 물어
뜯을 거라고

손가락 바다
그 곳 간조와 만조가
순서를 기다린다.

키 작은 사람의 행복

키 작은 사람 오고 가는 곳엔
마음 주머니 가벼운
사람냄새가 난다.

찬바람 불면 더 시리고 쑤시고 아린
무릎과 허벅지가
알려 준 말

자판기 커피 한 잔의 행복
더 이상 바라는 건
욕심이라고

재래장터에 가면
허름한 나도야 어느덧 모나지 않는
하루살이가 된다.

키 작은 사람 오고 가는 곳엔
마음 주머니 따끈한
사람냄새가 난다.

욕심

봄의 양수가 터질 때마다
돋아나는
새싹

비울 것도,
내려놓을 것도 없이
나 모르게 뇌졸중이나 심장마비로
죽음에 이르길 바란다.

한 백 년 살 거라고
목 터지게 보릿고개 넘던 매미

장맛비에 쓸려간 옛사랑 못 잊어
슬피 우는 귀뚜리
닮았네.

가만히 귀 기울이면
바람의 골반 그 자궁 속엔
죽은 새싹, 매미 귀뚜리 울음만
수북해.

자다 깨어나지 않았으면 하는 이 욕심
오늘은 점심은 청량리 굴다리 옆
밥퍼에서
한 끼니.

* 다일공동체 밥퍼나눔운동본부. 백 원으로 밥을 먹을 수 있음.

떠도는 섬

답십리 사그랑주머니* 꿰차고
육십 년 세월 등짐 지고
신발에 마음을 심는다.

청량리 굴다리 다일공동체 '밥퍼'
백 원짜리 진수성찬 끝내고 좀 더 올라가면
바다냄새 홍건한 수산시장
세 손에 오천 원
고등어자반

이리 받히고 저리 받히는
길 건너 청과물도매시장 사과 여섯 개
이천 원이라는데 제기동 약령시장 저 모퉁이
돌아서면 돈에 울고

눈 먼 사랑에 속아,
정 때문에 꼼지락거리며 우는
마음도 만난다.

* 사그랑주머니 : 죄다 삭은 주머니라는 뜻으로, 속은 다 삭고 겉모양만 남은 물건을 비유적으로 이르는 말.

담배와 술

하얀 봉분 쌓는 재떨이
하나로 담배
하루 2갑

삶의 고치를 짓는다, 꿈틀꿈틀
변태 과정이다.

비바람에 찢어져 비틀거리던
간이역 비닐우산.

시종일간 침묵하던 번데기
성충이 된다. 드디어
우화등선이다.

술 술술 술술술
어느덧 저무는
하루.

이것밖에 없어 서운하네

신문지로 이불을 대신한 희망을 본다. 나도 한땐 저렇게 꿈꿀 수 없는 어항 속 금붕어가 되었다 환생한 나를 되돌아본다.

"불쌍하게 번 돈이지만 즐겁게 쓰고 싶어 기부한 거야! 돈을 더 벌수 있다면 더 도와주고 싶은데" 박춘자 할머니.

"저는 죄인입니다. 이 세상에 나와서 잘한 일 없습니다. 좋은 데 써 주세요." 한재순 할머니.

"생활고 때문에 30대 가장, 아내와 딸 보는데 열차 투신."

"그저 먹고 사니 난 부자. 이것밖에 없어 서운하네. 떡볶이 김정연(93세) 할머니 전 재산 2,300만 원 기부."

"김밥 팔아 박춘자(80세) 할머니 지체장애인을 위해 전 재산 기부."

"생활고 비관 30대 퀵서비스 배달원 지하철 투신자살"

“이건희 소송에 이건희 재산 몰수? 삼성일가의 난투극 돌입.”

“전 재산 50억 기부한 할머니 나 홀로 쪽방서 투병생활.”

“국회의원연금법 통과에는 여 · 야 의원들이 한마음 한뜻으로 통과!”

“채소장사로 모은 한평생을 기부하고 떠난 한재순(83세) 할머니.”

“귀농실패 60대男 생활고 비관 자살.”

“국민의 혈세 2,000여억 원 들여 완공된 국회 제2의회관 오늘 준공.”

종로 · 서울역에 뒹구는 낙엽이 된 사랑과 늙은 시간의 한숨도 만난다. 비 오는 날엔 휠체어에 실린 고장 난 우산을 밀고 국회로 간다.

아직도 멀었단다

제기동 약령시장에서 청량리 청과물도매상으로 가는 건널목. 오른쪽 다리 배추처럼 퉁퉁, 왼쪽 다리는 반 토막인데 구걸도 않고 그냥 두 다리 내놓고 앉아 있어 천 원짜리 한 장 건네줬는데

김영삼 정권 때 사형에서 무기징역으로 사면으로 아직도 떵떵 전관예우로 좌우 호위병 거느리고 떵떵 전두환 일가친척 촌충처럼 마디마디 돈줄인데

두꺼운 검정고무치마로 다릴 감춘 가짜 걸인도 많다는데 퇴근할 땐 멋진 자동차를 몰고 간다는데 내 호주머니 꿈쩍도 않았는데

한 손에 천 원인 고등어자반 사고 나서 되돌아보니, 꼬깃꼬깃 숨겨둔 지폐를 꺼내 정리하는데 세어보는데 천 원짜리 수북한데 그 중에 만 원짜리도 듬성듬성 더러 보이는데

집에 와서 기껏 생각한다는 게 하이칼라 월급쟁이 못지않겠다고, 나는 참말로 푼수라 고등어자반 찌개 끓고

있는 소리가 뒤통수를 친다.

　넌 멀었어 아직도
　멀었어.

적막

돌돌 말려 과거로 떠난 시간들을
이따금 다시 펼쳐 본다.

엄마는 식모살이하고
방세 못내 부산에서 서울로
야반도주한 나는 버스 계수원.
어린 여동생 둘은
봉제공장에
있다.

광화문 · 시청 · 청계천
국정원 사태 촛불집회 물대포 요란한데
사랑에 필요조건인 언론은 벙어리
짝짓기, 눈치보기
아부하기

한참 바라보다 다시 돌돌 말아 두면
시간은 과거에서 눈을 감고 현재로
다시 돌아온다.

오천 원짜리 뼈다귀해장국 소주 한 병에도
호주머니의 하루가 힘겨워 절룩거리는데
엄마는 오래 전 설거지 끝내고
수미산이불 털고 있다.

그래도 바람은 행복하다고 말했다 · 1

이삿짐 정리하다가
비닐 봉지에 든 오래 된 검은 시간을 살펴본다.
다시 묶어 둘 시간들
이젠 버려야 할
시간들

지인이 남의 방을 자기 집이라 소개한 지하방에 둥지 틀었건만 햇살 드는 곳으로 가자고 바람이 다시 목을 조르는데 집 비우라고 수돗물 끊은, 망치로 때려죽인다고 소식 없는 방주인 대신 차례로 주인행세하며 고래고래 소리 질렀던 옆방 동생네 지하방으로 겨우 숨통을 튼다.

채무불이행 신용불량자 신세
내 이름으로 된 건 선불 폰과 압류방지통장 그뿐인데
매일 씻어야 닦아야 하는 틀니
오늘도 헐거워.

그래도 바람은 행복하다고 말했다 · 2

부천에서 여인네에게 쪽박 차고
육 년 전, 서울 답십리 지하방으로 세 들었지.

바퀴벌레가 득실거려 바퀴가 아닌데도 바퀴인 양
오 년 동안 헛것이 보여 환장할 지경이었지.

이제 그 옆방으로 옮긴 이 곳에도
그 바퀴 이삿짐에 묻어 와 다시금 한두 마리
파리채로 날름 잡아먹는다.

지하방이라 눅눅하지만
새로 보일러 놓고 도배하고 장판하고 칠한 방
먼저 방보다는 창문이 하나 더 있어
조금 밝고 깨끗한 방

한여름 11시와 12시 사이 정오쯤
박카스 통만 한 햇살도 찾아와
머물다 가는 방

다 내 덕인 줄 알아라
내 귓전에 대고 속삭이는 바람
바람바람.

그래도 바람은 행복하다고 말했다 · 3

주름져 물러터진 여름을 달랜다.
하나둘 채우면 또 하나가 모자란다.

세탁기 고장 나 밀린 빨랫감이 산더민데 냉장고마저 돈돈돈 도온 칭얼거리더니 그마저 털거덕 숨 거두더니, 이삿짐 나르다 잘못 내려 티비가 나가더니 오늘은 인터넷이 완전 먹통이다.

하나같이 모두 얻어오거나 주운 물건들이니 아까워할 것도 없지만 신맛 · 짠맛 · 단맛 · 쓴맛 · 감칠맛 · 찬맛 · 매운맛 · 떫은맛 · 비린맛 틀니하고서 맛을 제대로 느낄 수 없다. 이 나이에 그래 틀니하고 있는 게 무척이나 자랑질이다.

육십 너머 늙어 해진 시간들을 주워
숟가락 위에 앉힌다. 그래도 바람은 행복하다고 말했다.
어쩌겠나, 위 틀니를 빼면
입술이 쪼그라든다.

야윈 달의 입술을 보다

셀 수 없는 마음 헤아리노라면
어느 새 시간의 절벽에 다다라
텅 비는 잔.

벽제 화장터 너머 살 땐 어둠을 만나고
지하 골방에 둥지 틀 땐
햇살을 만난다.

어둠이 굴러 빛으로 가는가
빛이 굴러 어둠으로 가는가

어둠 만날 땐 햇살을 껴안고
햇살 그릴 땐 주검을 머금고

잠으로 가는 출근도장 찍는 오늘 밤엔
나뭇잎 갉아먹고 있는 슬픈
달의 야윈 입술을 본다.

제 4 부

철새 도래지

詩의 자궁

노아의 방주에 오르기 위해 사막은 잃어버린 낙타의 지도를 찾는다.

젓가락숟가락은 잘 차려진 배고픈 저녁만 골라먹는다. 그러니까 아침점심은 따돌림이다. 불면증은 식탁을 떠나지만 방명록은 그 곳에 그대로 남아 있다. 활짝 열린, 닫히지 않는 철없는 고독에 말라비틀어진 저 시간의 손톱들인 밤의 화두는 여전하다.

고름 짜내듯 아침을 쥐어짠다. 20년 묵은 詩의 자궁, 그 산고의 음모를 보여 주기 위한 몸부림. 홀아비 냄새로 절은 詩가 블랙홀로 사라질 1월을 끌고 다닌다.

아직도 자전과 공전 되풀이하는, 빨고 튕기는 저 꽁초는 납골묘. 커피에 찌든 밤은 더 수북하다.

풍어

판도라 상자 열면 알리바마와 33인의 도적이 화무십일홍 권불십년이라고 잔칫상 벌이고 있다. 배부른 詩人은 몰라도 될 것이다.

불시착에도 아랑곳없는 외계인들은 무시하자. 내 詩의 도마 위에 홍건하게 뱉어 놓은 피냄새만이라도 잘 갈무리할 수 있다면, 연예인이 된 권력이 된 文人의 주둥아리는 덮어 두자.

덮어 두자고 돌아서면 목덜미에 꽂힌 풍어의 詩깃발은 슬플 때나 기쁠 때도 숭숭 구멍이 뚫려 콧물 나는 겨울창호다.

숨을 제대로 쉬지 못해 컥컥 돼지 울음소리 내는 핏덩이를 업고 병원 문 닳도록 다녔던 내 어머니 사랑이란다. 오직 그 사랑만이 영원한 집 네 詩의 집 탯줄이란다.

독경

어둠의 물레를 감던 손에 졸음이 감겨들 때,

현장비평가 3명이 뽑아 붙인 8,500원짜리 '올해의 좋은 시' 속에 든 떡복이 76편을 뜯는다. 편당 110원 꼴이다. 그래도 고맙다고 8,500원짜리 현대문학수상집 한보따리도 끌러본다. 쉼표 마침표 버리기가 유행인 듯 길을 찾는다. 그래그래 산에는 꽃 피고 갈봄여름 없이 꽃 진다.

티비 속 문학의 암실에서 똥이 똥 싸고, 똥이 똥을 주무르며 걸어 다닌다. 참 예쁘다. 에덴동산 이후 여자의 사과 베어 먹지 않은 남자 어디 있을까만 어둠의 젖꼭지를 빠는 지휘봉과 피아노의 바퀴들에게 묻는다, 그렇게 살고 싶으냐고.

이곳저곳 가리지 않고 사군자를 치며 좋아라 마냥 웃고 있는 치매환자의 행복과 시체안치소의 흰 모포가 정말 곱다. 좋은 詩 상 타는 詩가 주례사의 크리넥스 되어 흡수력 좋은 네 입술 닦든 아랫도리를 훔치든 본전은 뽑았다는 위안이다.

파도 소리로 세상을 읽던 낙산 홍련암 하얀 독경 소리 물새로 날아오른다.

언어 굴비

비바람에 나뒹구는 찢어진 간이역 비닐우산. 어느덧 저무는 하루.

어둠의 배낭 속엔 그리움과 기다림이 가득한데 아침은 까맣고 저녁은 하얗다. 검은 건 오늘의 밥상이고, 흰 건 詩의 무덤이다.

벌거벗은 생활이 배낭 밖으로 나오면 그리움은 기다림을, 기다림은 그리움을 부르며 떨어진다. 하얀 봉분 쌓는 하나로 담배 하루 두 갑. 가래 끓는 소리로 기름 찾는 보일러 신음에 문드러지는 몸과 마음 내려다본다.

두 평 남짓한 텃밭에 뒹구는 곪아터진 신용불량 여기저기 숨어 있는 詩의 피를 기역니은 아야어여 뽑아낸다. 어느 새 수북이 쌓인 담배꽁초 서로 마주보고 몸 비비며 새벽을 알린다.

하루이틀 그렇게 한 두름 엮어 살아 펄떡이는 저 언어 굴비.

문학의 향기

태초에 혼돈이었느니라.

티비를 켠다. 카프카의 소설 '변신' 을 연상시키는 꽃이라고 저 벌과 나비 짝짓기 한창이면 이년, 잡놈 하면서 나란히 키 재기를 한다.

어느 접시꽃 필 때마다 삐거덕 소리 내는 장롱 서랍은 베스트 남편 위해 가구가 된 아내의 넋두리란다. 매스컴에 속지 말라는 넋건이란다.

무전유죄 뒷조사하는 형사처럼 물고 사라져 평론의 노련미로 절도죄와 사기죄는 부풀어 감옥 문을 열 때마다 잽싸게 자리 잡는 바람의 항문들도 만선이라고 출판기념회도 연단다.

썰물과 밀물, 장마와 가뭄의 물류 센터 사창가의 온갖 연놈까지 대기 중이라 한 건 잡아보자는 시집 제목들 설친다. 티비를 끈다.

그래도 혼돈이었느니라.

철새 도래지 · 1

배고픈 매는 없고 배부른 쥐만 우글거리는데, 詩가 걸인이 되어 시인에게 손 내민다. 늘 만우절이다.

닻과 돛이 될 詩의 싹이 자란다. 어두울수록 밤이 깊을수록 더 빨리 자라건만 어떤 이는 외투 깃으로 봄을 흘리고 있고 어떤 이는 외투 깃 속에 봄을 심고 있다.

버스, 지하철 노약자 자리에서 앓고 있는 쉰여덟 덜 자란 詩를 다독이다가 가만히 내려놓는다, 내 어머니 그리운 날.

철새 도래지 · 2

온라인 오프라인 냉장고를 연다. 시 모양을 한 밥통에 네가 침을 뱉을 자격이나 있느냐고 배 반쪽이 반쪽 눈으로 치켜다본다.

어쩔 수 없지 그래도 반쪽 옷 벗기면 반쪽 사랑을 뜯어먹고 피 흘리는, 홍건하게 젖어 있는 불륜의 아우토반.

산더미 시집 버릴까 말까. 누굴 주자니 시도 별것 아니구나 할까 봐. 행 바꾸고 연을 주면 시가 되는구나 하고 잘못 배울까 봐 걱정인데 중고생 백일장 작품보다 못한 시들이 알몸을 흔든다.

돈 주세요. 여기 있어요. 그 옆에서 가슴 가리고 키득거리는 잡지문학.

그 누구라도 들여다보지 않는데 저토록 아름답게 책장만 차지하고 있는 시심詩心을 어떡해. 빛이 빛으로 살 수 있는 건 어둠의 희생 때문이라는데 어쩌면 좋아.

이럴 땐 가슴 뛰게 하는 커피가 미끼라, 담배 맛이 일품이라 줄커피 줄담배에 비 오는 날 차례로 뽑혀 오랏줄에 묶이는 저 종이배.

이윽고 문 밖으로 출항할 채비를 마친다. 그제야 비로소 흠뻑 젖어 파지가 된다. 돈이 된다, 저 허리 굽은 할머니.

철새 도래지 · 3

詩를 보면 안다, 배가 부른지 고픈지. 그럴 듯하게 아무리 위장을 해도 엄폐 은폐를 해도 안다.

어느 정도 손에 詩를 쥐면 그 행복으로 흔해빠진 이름을 판다. 되새김질을 모르는 소들이다. 그 옆 푸줏간 시집 속에서 지폐들만 널뛰기한다.

젊거나 늙었거나 배부른 씨끼리 배부른 詩를 들고 앉았다 일어선다. 뛴다. 난다.

정신까지 부르면 줄줄이 사탕 목에 걸고 그저 배고픈 척 아픈 척 저 혼자 고독한 척 詩들이 넉살에 익살이다.

싹 트고 꽃 피고 열매 맺는

젊은 시인들 마치 첩보전 하듯 詩가 암호화 되었건만 암호해독자들은 그걸 좋은 시라 극찬이다. 돼지가 사람 피부에 제일 가깝다고 한다.

명색이 시인이란 놈이 뭔 말인지, 뭔 글인지도 몰라 해설을 봐야 그나마 조금 이해할 수 있는 그런 시들이 올해의 좋은 시. 잡시는 읽기 편한데 난해시는 너무 어려워 고약한 냄새가 난다. 내 코가 정말 썩었나 봐. 아냐, 향기 나는 멋진 시도 있으니 아직은 아냐.

아니라고 선풍기는 돌아간다. 그 선풍기도 물론 늙어 무르팍은 성치 않지만 어깻죽지 아직은 성해, 팔팔해 마음밭에 심어 놓은 메마른 진실에 물이라도 듬뿍 줘야겠다, 싹 트고 꽃 피고 열매 맺는.

세탁물 목록

천연기념물 보호구역 '문학'의 뚜껑 열면 머리 내미는 세탁물 목록.

제 몸을 비워 열반에 드는 법어의 각 양파라고, 먼지뿐인 잡지, 등단 한 묶음, 봄을 생산하는 잡초 시인 한 다발, 몸뚱이에 뼈가 있다면 그림자라고 뼈 없을라고. 먹지 못하는 쓰레기 한 사발, 갈고 닦은 칼 빛나는 살불살조 무릉도원이라는데 그래 오늘은 몸은 두고 그림자로만 가자.

악마가 가장 무서울 때는 신의 가면을 쓸 때라고 시인은 배가 부르면 배고픈 시를 낳지 못한다고 슬픔은 최고의 복권이라고 로또 주식이라고

시간이 바람의 벽을 타고 넘는, 송골송골 참이슬 손짓하면 잔 속 가득 피고 지는 마음꽃. 소가 반추하는 건 아직 덜 삭은 詩의 업.

바다의 똥

내가 제일로 좋아하는 음식은 멸치라고 허겁지겁 먹다 가시가 목에 걸려 칵칵거려 하느님 보기에 좋더라.

소금이 바다의 상처라고 하느님도 외로워서 운다고 뭐 절필이 어땠다고 그럼 만인의 보따리는, 그럼 네 곁에 있어도 내가 꼴린다는, 그럼 접시꽃 당신은, 그럼 농무는, 그럼 비누는……. 젠장, 멸치 먹는데 왜 그것들이 씹히는지 나도 몰라.

멸치 때문에 갑자기 바다가 생각나고 소금이 생각나고 뼈다귀가 생각나고 그러니까 하느님 생각나고 네 곁에 있어도 자꾸만 꼴린다는 접시꽃 당신이 자꾸만 생각나 절필하고 농무하고 그 잘난 비누로 씻으니 베스트라 하느님 보시기에도 좋더라.

내가 제일 좋아하는 과자가 소금이라고 야금야금 베어 먹고 빨아먹고 떠 먹고 소갈 걸리는 내 몸은 사람 아니라 물과 소금으로 가득한 바다의 똥이더라, 알고 보니.

찬란한 허무

예전엔 詩를 인생의 전부라고 했는데, 벗이며 애인이며 어머니라 불렀는데 요즘에 와선 할 일이 없어 심심풀이로 쓰는 것 같다.

요는, 詩란 놈이 도대체 어떻게 생겨먹은 물건인지 마음인지 모르겠다는 거다. 인터넷이나 티비 보는 거나, 시집이나 문예지 보는 거나 모두 그게 그거라는 거다.

보고 싶다. 사랑한다. 비 온다. 장마다. 눈 온다. 어쩌고저쩌고 하는 넘쳐나는 말도 시라고 우기는데 이만한 정도의 포르노 패설쯤이야 뭐 詩라고 해도 나무랄 일 없을 것이다.

문예진흥원을 문화예술위원회로 이름을 바꾼 문예지원금도 3백만 원에서 5백만 원으로, 8백만 원, 1천만 원, 이젠 얼마일까?

한 번 먹으면 5년 동안 못 먹는다 했는데 소문엔 먹도록 풀었다지. 게 편 가재 편이면 독식은 아니라는 거지. 다만 입장권 구하기가 하늘의 별 따기일 뿐이지. 그럼 어쩌란 말이냐, 재떨이 사흘이면 봉분의 잡초처럼 자라나 있는 이 詩의 허무를.

목선

잠 못 이루는 밤의 지붕 위로 별빛 쏟아지는데 그리움은 계절을 모르고 길 냄새를 찾는다.

사막에도 낙타는 발자국 남기지 못해 오로지 빛나는 밤의 이마만이 처방전이다. 詩의 길이다.

봄과 겨울을 사이에 두고 안부를 전한다. 이 밤에도 꽃은 피고 낙엽은 지고 있다고 그러면 됐지 않으냐고 잠에게 권한다.

희망을 베고 누우면 사랑은 늘 문지방 넘어 나간다. 길 없는 길 가는 내 그리움의 신발은 물불 가리지 않는 목선이다. 지구는 둥글다고 다시 바다에 잠긴다.

제
5
부

망각의 횃대 위에서

춘추전국시대

험한 세상 미치지 않으려 악착같이 푼돈 모아 사람 사는 곳에 쓰려고 이 엄동에도 보일러 온도는 10도의 늪이다.

방에서도 헐벗고 있는 시간의 물꼬인 희망을 위해 진실의 장화를 신고 이젠 전설이 된 인터넷 속 노아의 방주를 뒤지면, 진실은 먼 산에만 있는 게 아니라고, 먼 산이 내려와 친일과 독재 쟁탈전을 본다.

태안반도 뒤덮은 기름때 절은 노아의 방주를 위한 심야토론, 도륙과 살육은 이어져 들여다보면 사랑을 털어먹고 가시만 키우는 붉디붉은 장미의 모임은 동인서인의 불륜이다.

한땐 연리지였던 저 혓바닥 위에 술잔을 올려 놓고 기다린 술잔 속에서 흐느적흐느적 허무가 기어 나오면, 시궁창에 빠진 허무를 뒤집어쓴 57년 묵은 정신이, 날름거리는 위정자 저 뱀 아가리를 잡고 수술 메스를 찾는다.

아라비안나이트

폐쇄된 자궁의 회로가 개방될 때면 좁디좁은 부두의 언덕은 달랑게 여와 야의 천국으로 변한다. 자가발전인 입술이 불륜의 꽃다발 한 아름씩 꺾어 들고 밀항선에 오르면 금세 꿈틀거리는 아지랑이가 된다.

떠도는 밤은 조개섬. 비만의 숲에 비 내린다. 그 섬 오솔길은 늘 숨이 가쁘다. 그 소리 삼키는 거룩한 어둠과 황홀한 기억이 양탄자 위에서 난센스 연기를 한다. 벌써 오르가슴이다.

순결의 경광등 깜빡거린다. 저 밤의 자궁을 열고 햇살 냄새 맡을 때부터다. 폰과 메일, 쪽지의 빰 가볍게 클릭하고 오럴섹스 끝낸 야와 여, 꼬치국물로 입가심한다.

요순시대

저 개미핥기는 혀는
혈세다.

살도 먹고 피도 먹는, 꿩 먹고 알 먹는 땅콩의 자궁을 쿵쿵 드나들고 있다. 이윽고 두 줄기 언덕도 홍콩을 노래한다.

저 개미핥기 혀는
부패다.

비무장지대

귀뚜라미 염불 어둠 밝힐 때면 콘돔 찾는 미소금융, 햇살 닮은 저소득층 지원예산 전액 삭감.

죽어버린 낭만을 위해 정사는 멈출 수 없어, 과거와 현재의 긴 손과 발로 블랙홀마저 집어삼키는 진시와 측천. 천생연분 남인북인 연리지는 오늘도 상영 중.

요와 철의 방주에서 쩍 아가리 벌리고 대가리 치켜드는 방울뱀. 불륜의 주술에 꼬리조차 바르르 떨고 있는 황홀.

남인북인 여권 없는 비자 없는 여의도국의 철가면 쓴 끔찍한 무당극.

세종국 대왕시 하수구 폐광촌까지 흘러내린 권력의 정액 홍건해 기름보다 비싼 수입생수 사 먹는 나라. 금단의 씨앗 나눠먹는 모르쇠 복지나라 헬조선.

언약의 커플링과 불륜의 돛

쇼걸과 쇼맨, 총선의 밥상에 둘러앉아 공천의 밀담 한창이다. 어둠의 팔을 뻗는 억억 숨넘어가는 이권의 오르가슴.

너나없이 언약의 커플링을 나눠끼고서도 결백이라는 불륜의 돛을 달고 연리지 찾아간다. 사계절 명품을 가장한 온갖 짝퉁만의 달콤한 언약의 무도회장.

제비와 꽃뱀이다. 당했다. 맞았다. 그 돈은 따먹힌 값이라고 꼬리 감추는 사탕발림 혼인빙자 아랫도리. 선거철마다 앵무새가 되는 빛 좋은 개살구, 국민소득 2만 불시대 장자방.

기름진 온갖 밥통의 안녕을 위한 사법부 권위는 아-멘이다. 고스톱 멈출 수 없어 내생에도 짜고 치는 참 연리지의 싹을 틔우겠지만 오늘도 변함없이 죽였네. 세 마리나 죽였네, 바퀴벌레.

반찬투정

산 넘고 넘어 길 찾아 가는 길 없는 길에서 또다시 늪에 빠질 뿐

사랑이 충만한 부엌에 널어 놓은 봄이 아름답다. 아름답다고 오래 묵은 냉장고마저 골골골 박수를 치더니 이내 자지러진다. 오르가슴에 떨어도 참 우스워 수태도 못하는 꼴에 웬 반찬투정인가 모를 일이다

글 쓰다 뒤틀어지면 광우경을 읽는 눈요기나 할 요량으로 티비를 틀면 헉헉거리는 FTA 五狂 화투짝이 날아다닌다

영화관에 가 본 지도 10년도 더 넘었는데 혈세인 나랏돈 찢어대는 모범공무원과 아~ 아 대한 민국 쪽쪽쪽 빨아먹는 대윤소윤 선량들에게 이쑤시개가 선사할까 보다

산 넘고 넘어도 길은 없고 오로지 절벽만 만날 뿐

인큐베이터 풍경

도대체 뭘 낳자는 것이냐. 여름도 가기 전 어느 새 양수 터진 가을은 칠삭둥이. 썼다가 지웠다가 이젠 텅 비워 버린 내 가난한 라면냄비 속으로도 성큼성큼 걸어 들어온다. 대통령 되겠다고 아우성이다.

너나없이 하늘 올려다본다. 이놈저놈잡놈 몰려다니는 먹구름이더니 다시 천둥번개 치더니 드디어 쏟아져 마주보고 볼때기 때려대는 시소놀이 그 기막힌 풍경에 넋 놓고 있던 겨울마저 이젠 지겹다고 역겹다고 봄으로 가는 지름길 묻는다.

저 시뻘건 구름의 말잔치 보며 어느 한 곳 안주할 수 없는 밥상을 지고 빨래한다. 민주주의 자본주의 법치주의에 짓눌려 천사표 아내들 자기 두 가슴 문질러 하루를 씻어 낸다.

하늘 탓하던 그 민들레도, 노동의 질경이도 생명타령. 아, 자유민주주의 밥이란 정녕 끝나지 않는 투사의 구슬픈 타락인가. 그럼 넌 도대체 뭘 낳았다는 것이냐.

나는 돈키호테. 이 봄 싸구려 꿈으로 끝난다 해도 이 헛된 詩만은 정녕 멈추지 않을 거라고 이 밤의 수염 까마귀 될지라도, 저 입만 살아 있는 욕망과 권력 쓰레기는 치울 거라고 생각의 그네가 거미줄에 걸려 아직도 뒤척이는 새벽을 달래고 있을 뿐이다.

정치의 입

'고위공직자 729인의 집과 땅' 2007년 2월 13일 MBC PD수첩이다.

'파라과이' 엔 '대한 민국' 이라는 학교가 있다는데 왜 정치를 하려 할까. 왜 판사 · 검사 · 변호사에 목맬까. 땅값은 누가 올리는가. 누가 투기를 조장하는가. 거머리, 독버섯, 바퀴벌레, 촌충들 국회선량은 당근이지.

어느 날 티비에서 단세포에 대해 알려 준다. 무한증식, 자기분열, 구별불가 라면 공장 초코파이란다.

단세포 정의를 좀 더 잘 알기 위해 인터넷 찬스를 쓴다. 짚신벌레, 아메바, 박테리아, 복제 · 합성 변신 능력, 돌연변이 능력의 효모란다. 단세포 정의를 묵살하고 검색 찬스를 취소한다.

로그인에서 로그아웃이 될 때마다 닭이 해를 가리고 온갖 추악한 짓 서슴지 않는다. 입덧을 하자마자 유산하는 정부는, 꼬리 자르고 달아나는 도마뱀과 통하게 돼 있지.

암술과 수술

커튼을 열면 온라인 오프라인 오물 가득한 경선, 위조뿐인데 저마다 마라톤 풀코스 아직도 진행 중이다. 정보의 가속 페달 밟는 리모델링 바이러스 허기의 송곳니 드러내는 흡혈 모기 떼 촉수 뻗친다.

아직도 울리지 않는 부활의 총성. 희망 유통기한 넘긴 인디언 보호구역 매연의 스피드 오존의 자유로에 시퍼렇게 물든 주둥이 천 원짜리 비둘기 내려앉는다.

둘이 나란히 한 방향 한 곳을 본다 해도 머리는 빙빙 저녁의 사타구니 떠올리는 대윤 소윤. 비린내 풍기는 음기에 밤이면 촉촉이 젖는 가짜 티비는 영업용 호객용 뉴스.

집채만 한 포커 집어 든 반인반수, 스토커 파파라치 앞에서도 위풍당당 포즈 취하는, 아마 그 때였을 거야. 하늘이 잔뜩 찌푸린다 했더니 동대문 답십리 지하방 창문에 금세 매달리는 빗방울 정겨워 그 모습 다정해 막다른 골목에서 서로 등 돌리고 누운 독촉장, 압류고지 태양이 떠오를 즈음이면 눈 먼 달팽이 다시 꿈틀거린다.

다시 세탁물 목록

돈은 인간의 욕망 9할을 먹고 산다지.

진실만을 쏟아 내는 게임천국. 로그인으로 옷 벗는 소와 로그아웃으로 노 젓는 말. 불륜 간음 간통 데미지 스캔들 간판. 마소의 요철 주고받는 메뉴를 본다.

낡은 세월 한 무더기. 썩은 정치 한 꾸러미. 그 외 세탁기도 거부하는 사이코패스 소시오패스 낙하산 휴지들은 불살라야지.

그래 권력은 거짓말에서 시작해 거짓말로 끝난다지.

미친 소와 촛불

닫혔던 지옥의 문 유신이 열리고 있다. 숨죽이고 있던 닭들 어깨마다 일제히 날개를 달고 사람의 혼을 뺏고 싶어 안달이다.

지금이 어느 시대인 줄도 모르고 국민을 가르치려 미혼모와 후레자식들이 삿대질하고 있다. 역사교과서 국정화 반대에 물대포도 모자라 영화 속 주인공인 양 총까지 들먹인다.

나는 꽃이라고 벌을 불렀든, 나는 나비라고 꽃을 불렀든 고아와 미아, 그리고 입양아가 된 책임은 꿀에 있다는 것이다.

오늘은 이순신 장군 동상 아래 컨테이너 장벽을 쌓아놓고 여의도 미친 소가 세종로 총궐기 촛불을 집어삼키고 있다.

내 주를 가까이

탁자마다 탁자만큼이나 큰 사막이 있어 그것들이 달력 안이나 밖에서 저마다 길을 내고 길을 끊는다, 온종일. 저 6기통 배기통으로 뿜어대는 욕망과 절규의 도둑고양이.

총천연색 자본주의 밀림이 우거진 티비 속 장사치들이 여의도 시장 도매꾼과 밀거래를 하고 있다. 천사들도 오간다. 짐승의 송곳니를 가진 저 포주들 늘 과녁을 노리고 있다.

당뇨와 고혈압 고지혈에 직효약은 커피, 담배, 술, 소금이라고 주님의 밥통을 열고 애벌레처럼 꿈틀꿈틀 기어다니는 동서울 터미널 어느 경계선이다. 탁자마다 탁자만큼이나 긴 활주로가 있어 날이 밝아 오는데도 홰를 치는 새벽은 보이지 않는다.

줄서기 줄 대기

권력이란 마법의 그릇.

탤런트 가수 아나운서 코미디언 배우 온갖 연예인들 총출동이다. 다 함께 모두 함께 단 한 번만이라도 하고 싶은 달고 싶은 위정자 선량의 배지라지.

이별의 뼛가루 머금고 가는 저 저녁놀 뒤로 그대 그림자 밟고 가는 벽제화장터 걸음마다 질펀하게 쏟아내는 개구리 울음 소리가 오늘따라 용서하라, 잊어라, 사랑하라 라라라로 정겹다지.

욕망이란 마피아의 피.

청와의 바벨탑

댄스가 성교라 했던가, 어떻게 느끼느냐가 문제라 했던가.

조금 전 무기를 장전한 자궁의 촉촉한 입술. 플래시가 구멍의 깊이를 재고 있을 때 통행금지 해제 블랙박스의 날카로운 벨이 울린다.

"성은 모터, 육체는 배선장치"*와 같다고 욕망의 퓨즈에 투자를 하면 설계는 자동으로 구축된다는 너, 바퀴벌레는 총알이다. 숨기천재다. 소리 없는 귀신이다. 밤낮없이 싹 트는 배란이다. 네 손은 천둥이다 번개다. 변호사 형사 검사 판사다.

죽여도죽여도 되살아나는 벌레. 언제까지 저 바퀴들의 반역을 지켜봐야 하는가. 화장터 앞 권력과 탐욕의 거품 궁전, 그 악몽의 등에 올라타고 한 편의 詩를 짓는다. 2008년의 국경을 넘는다.

내 몸에 붙어 다니는 시간이 걸음을 멈출 때 청와의 바벨탑 무너지는 걸 볼 수 있을까. 자고 나면 내일이니,

내일이 오늘이라 흔들리는 이빨을, 빠진 이빨을 詩가 대신하지 않는다고

변비 있는 세종과 변비 없는 대왕과 정사는 계속된다.

* 에리카종 : ERICA JONG

중동호흡기증후군 · 1

약육강식의 갑질에 법도 고개 숙이는
간신, 내시, 마당쇠, 몸종이 되는

멈추고 있으면 바람이 아니랄까 봐
민주를 향해, 썩은 정치를 향해
절뚝이며 걸어간다.

혈세로 진수성찬 벌이는
강으로 바다로 하늘로 해외로 공기업으로
빨아들이는 저 거머리들과
국회의 개들

그뿐인가 인터넷 댓글 알바 정화조 속
모기와 그 유충들

인간의 탈을 쓴
모르쇠바이러스를 보면 오늘도
총 맞아 죽었으면 좋겠다는
고해를 한다.

중동호흡기증후군 · 2

권력을 위한 공약남발
당선만 되자.

수퍼마켓 네 곳 할인광고지 보면서
몇십, 몇백 원이라도 싼 것으로
비교를 하는데

언제 어디서든 고통 없이 죽기 바라는데
서민의 등이 소 등인 양
착 달라붙은
진드기

치를 떨더니
언제부터인가 복지가 사탕인 듯
이렇게 저렇게 복지복지를 입에 물고
핥아 대는
정부.

스포츠카 엔진처럼

권력의 둘러싼 암투엔 지조도 정조도 없다. 아부와 복종뿐 정의나 투사는 없다. 로켓을 타거나 낙하산이다. 공공기간 전기도적질 165억, 도적의 숲이 따로 없다. 부엌과 방 가리지 않고 서로 짝 찾는다. 마주치는 혓바닥마다 선인장이다. 가시는 없다고 한다.

〈아우슈비츠〉라도 좋을 듯 허리 뒤트는 여의도 의사당 다 닦을 수 있을 만큼 흠뻑 젖다가 내내 불임에 허덕인다. 임신을 하긴 하지만 번번이 낙태만 하는 여의도. 하는 일도 없이 그저 때 되면 울리는 시계처럼 뻐꾹뻐꾹 대가리만 흔드는 것이다.

요염한 그 여인의 입술과 유두 빨 듯 음흉한 그 야인의 음모를 빨수록 화답하듯 벌겋게 달아올라 팬티까지 젖어들면 아예 아랫도리마저 뭉텅뭉텅 녹아내린다.

벌초가 완벽하다. 페니스를 빨고 있는 요염한 여인의 충혈 된 정조와 그 음모의 구멍을 빨고 있는 음흉한 야인의 충혈 된 지조가 혀 밖으로 튀어나와 스포츠카 엔진으로 아직도 벌떡거린다.

망각의 횃대 위에서

얼마나 많은 시간의 조각들로 이뤄졌는지 내 얼굴 좀 봐!

낮과 밤의 안개들로 주름진 하얀 머리를 낮과 밤 없이 잘라내건만 낮과 밤 없이 자라나는 시간들. 내 머리는 시간의 도살장이니 부활의 성장판. 내가 매일 짓고 있는 집은 바퀴투성이고 내가 매일 자고 있는 방엔 거머리가 지천이라 공천의 경매에 목매는 저 여의도 흡혈귀의 아리랑을 듣는다.

벽제화장터, 고개를 넘는다. 저벅저벅 재로 남은 울음들이 뒤따라오는 것 같아 뒤돌아본다. 어느덧 대문인 부엌 앞에 멈춘다. 부엌에 들어서면 타고 있던 재들이 울음냄새로 가득하다.

다시 들려 온다. 온 몸 뒤채는 여의도 침대의 교성 들릴 때면, 나는 엑스레이 찍듯 엎드려 머리 긁적이며 욕망에 물든 여의도 서캐를 잡는다. 붕대로 친친 감아놓은 아침 이슬, 저녁 노을 손톱 위에 올려 놓고 톡톡, 아주 딱 부러지게 짓뭉개지는 소리에 가끔 입맛을 다시기도 한다.

제 6 부

포주와 창녀

영화등급

탐욕은 왜 버뮤다 삼각지대를 그토록 갈망할까.

김지하 시인의 담시 「오적」의 주인공은 재벌, 국회의원, 고급공무원, 장성, 장차관이고 영화 「세븐」은 탐식 · 탐욕 · 나태 · 음란 · 교만 · 시기 · 분노 일곱 가진데 마지막 장면은 주인공이 살인범을 총으로 죽이는 것으로 끝나는데 고급공무원이라면 경찰, 검찰, 법관, 국세청도 당연하지. 거기에 덤으로 음모, 배신, 타락, 그리고 당신은?

영화등급 십오는 윗도리 아랫도리 다 가리는데, 십팔은 없고 십구는 가슴만 드러내고 아랫도리는 볼 수 없게 막아 놓는다. 피임에 루프, 생리엔 탐폰 쓰는 레즈비언 · 마마보이 · 호모들 파티엔 언제나 처방전 없는 마약을 즐기는데 이빨 드러내고 짖고 있는 어둠이 희망을 물고 피 흘릴 때는 언제나 토네이도 오르가슴 절정의 순간이다.

뜬구름에 목을 매는 날 노을에 걸린 거울을 본다.

숙주와 기생

햇살에 반짝이는 저 여와 야의 벌레들 뇌 속엔 뭐가 들어 있을까.

비행기 타다 떨어져 다시 낙하산 타는 놈. 저 악어 눈물조차 감추고 청와대 국회 국무위원들 도적질하는 놈. 각 부처 장관을 노리는 놈, 이런 놈이 나라를 사랑하는 놈이다.

어깨춤 출 수 있는 곳이라면 여야 가리지 않는 도둑고양이, 탐욕의 자궁 그 습기 찬 곳에 호의호식 기생하는 바퀴벌레들 스와핑 자동수동 앞뒤 가리지 않는다.

쥐 한 마리가 아홉 마리 부정을 헤아리며 투덜거릴 뿐 터미네이터와 로보캅은 없다.

탁란

빼꾹 빽빼꾹 비무장 도심을 순회하는 빼꾸기 술집 광고차. 암놈수놈 가리지 않는, 빼꾹 빽빼꾹 드러내 놓고 탁란하는 찻잔 속에 아침이 오면 국회의사당과 청와대 돌연변이 빌딩의 염색체들 둥둥 떠오른다.

신은 증거가 없어도 다 안다고 했던가. 태양을 숭배하는 이카루스들. “죽음은 영혼에 구멍을 낸다지만 언젠가 아물게 된다.”*는 영화 속 비명도 들린다.

고속 터미널 달팽이 오늘도 엎드려 탁발하는데, 잠의 커튼 드리워도 빛나는 4대 강 공양주 파티를 연다. 기호품인 닭발을 특허라도 낸 양 아직도 사지 비틀면서 주고받을 때 아이 잘 낳는 육순의 산모 몸에서 되살아난 독재와 친일의 피냄새를 맡는다.

* 조디포스터 주연의 〈브레이브원〉 인용

오존주의보

초복 중복 말복 속에서 여야 4인 분 사계절 험담 잡담 농담으로 그런 대로 머리와 꼬리는 익어 가는데 그놈 몸통이 늘 말썽이다.

생태계 파괴 주범의 공약은 살기 좋은 환경이라, 여자의 변신과 변심처럼 꼬리 더 화려하게 유명인사 아들딸 친인척 결혼식 행사장엔 공작이 떼 지어 몰려든다.

유통기한 지난 우화의 자궁으로 잘 포장된 드레스 입은 번데기, 턱시도 입은 개 컹컹 짖을 때마다 튀어나오는 공약의 고름들. 저 어둠의 씨앗들 자라나면 다시 배꼽을 위해 배꼽 맞대고 구멍을 넓히지. 쌍둥이 씨앗 탯줄을 남기지.

공무원 국외여행경비 3년간 1조 원. 저 손가락 놀릴 때마다 홀인원이란다. 저 혓바닥은 아래 위 없는 블랙홀이란다. JSA공동경비구역엔 경비초소가 없고 종점 지하 사글세방 서랍 속의 내 詩는 지문이 없다.

정사 · 1

G스폿을 알면 H스폿 찾게 마련인 욕망과 권력의 오르가슴과 쾌락의 톱니바퀴는 돈의 윤활유로 회전시키고 진실은 항상 거짓 속에 숨겨 놓는다.

혀로 사는 동물과 입술로 사는 식물도 믿을 것 없다는 두 거머리. 저 암수 정치의 자궁에선 무슨 냄새가 날까.

붉은 꽃잎을 가진 식물은 특히 경계할 것이라며 꽃잎 주고받는 연리지. 결코 중앙선을 넘지 않았다 한다. 하늘이 알고 땅이 안단다. 그렇지 불륜은 없었지.

무덤을 파는 인부와 화장터 화부와 장의사. 주검과 함께 먹고 사는 망자의 친구들이 허허 웃는다. 순식간에 방파제를 넘어온 바다가 이내 파닥파닥 허물 벗는다.

정사 · 2

쉬지 않는 물의 애무로 이룩한 수석 즐비한 세종로 고물상과 매점매석의 욕망을 숙주로 삼아 기생하는 여의도 카페.

방탄유리에 방탄복까지 갖춘, 모기향 모기장도 뚫는 흡혈모기. 별들의 쿠데타로 이어온 경복궁, 시청, 광화문, 세종로 낙하산 타고 가는 천연기념물 순결한 철새들 소풍 한창이다.

기억의 우물을 긷는다. 오늘은 용산4구역 촛불 행렬이다. 거짓말탐지기는 어디서 진실지도 그리고 있을까. 뜬구름에 목을 매는 날 노을에 걸린 겨울을 본다.

배꼽과 구멍

참 예쁘게도 생겼지. 육갑칠갑 웃음 흘리는 장미는 가시가 향기. 강남유흥업소 십 프로 몸뚱어리 밤의 구멍 장미의 물주는 '돈퍼!' 라지.

저 버르장머리 없는 돈퍼 새끼들. 저 호사스런 권력의 문패들. 조개다리 난간에서 내려다 본 저 찬란한 구멍의 지문들 참 귀엽게도 생겼지.

독사들 둥지에서는 벌꿀이 많지. 그렇지 여의도 학교는 물론이지. 유딩초딩중딩고딩 어딜 가나 인어호텔엔 포로노가 없고 온통 천자문 하늘천따지에다 검을현누루황이 지천이라지.

안경

메아리, 이윽고 축 처져 되돌아와 흐느적거리는 아랫도리 팔등신八等神 자유로, 민주와 자본 자유와 방종의 양다리. 소리를 휘게 만드는, 소리를 길게 늘어뜨리는 온갖 짐승 만나러 산으로 간다.

요철은 아름답다고 욕정의 스피드에 아랫도리 헐떡거리는 떠도는 섬 여의도는 아름다운 세상이라고 뉴스 보고 들을 때마다 저 입에, 저 웃음에, 저 악수의 철판에 총알 박아 주고 싶은 짐승 어디 한둘인가.

그랬지 더럽고 추해 역겹다고, 일 년에 한 번씩 밟아버린 안경이었지. 어느 새 여덟 개째 저 멀리 던져 다시 짓밟은 내 눈알조차 죄 많은 내 몸뚱어리였지.

흘레

열 살짜리 어린 아이를 열일곱 차례 추행 강간한 경기 지역 모 교회 목사라고 2009년 12월 13일 징역 5년 원심 확정

2009년 12월 16일 한명숙 전 총리 체포영장 발부 신병 확보 강제구인 자제. 이에, 법적대응 강구 공권력 남용이라고, 일 년 중 크리스마스 때 가장 많이 팔리는 콘돔이 작년엔 만 개라고 묻지도 따지지도 마

잠에서 깨면 시간이 먼저 일어나 신음하는데, 보일러도 냉장고도 돈 달라 새옷 달라 끙끙끙 용을 쓰는데, 인터넷과 티비를 켜면 온갖 시간들이, 과거와 현재와 미래라는 물건이 무더기로 쏟아져 나와 허리를 요염하게 뒤틀어

영화 주인공은 총 맞아도 죽는 법 없지. 끈질기지. 저 거머리 불사조지. 친일 조상 땅 미성년자라도 돈 주고 사면 적법해 국가 귀속 못해 말씀의 허리 관능이지

1960516 박통 군사쿠데타, 19791026 유신 독재 끝난

날, 19791212 전통 신군부 쿠데타, 1980518 광주민주화
운동에 전통이 총을 겨운 날이지

20151114 민중총궐기대회 농민이 물대포에 맞아 쓰러
진 날이지. 이젠 누구 차례일까 인터넷이 궁금해.

티비와 리모컨
-개살구들

구름의 늪을 빠져나오는 달, 그 달이 시행詩行 하나를 채울 때 조금씩 문드러진다.

리모컨마다 돈 갖다 쓰란다. 한 달은 이자 없단다. 마약이 아니란다. 교통사고, 노후걱정 말란다. 죽은 뒤 4억 원 어디에 쓸까

오늘 낮에도 다녀갔던 저 번개천둥 늦은 밤 티비 속에서 실룩실룩 샐룩샐룩 해롱거린다.

못 갚으면 지옥인걸. 상처로 꿰맨 희망을 지켜보던 총알 박힌 가난들이 벌떡 일어나, 간음하는 저 정부들의 비둘기 입을 콱 찢는다. 잘 버무려 씹는다.

포주와 창녀 · 1

사랑은 끝났는데 없는데 커플반지는 계속 끼고 있는 것과 같은 것이다.

정치권력에 이카로스 판친다. 친일인명사전 발간 친일재산환수법을 반대한 정치인은 매국이나 친일의 잔재는 아닐 것이다. 친일재산 찾으려 뺏기지 않으려 혈안이 된 과거와 현재들의 잔재는 아닐 것이다.

마약판매나 포커나 경마에 자식 잃고 마누라 잃고 집 잃고 나돌아 다니는 홈리스는 아닐 것이다. 단지 고해성사뿐일 것이다.

포주와 창녀 · 2

힘을 가진 자일수록 더 많은 사리사욕의 주머니를 챙기고 있다. 배신주머니, 음모주머니, 나눠먹기주머니, 권력주머니, 사기주머니, 시기주머니, 정치주머니, 욕정주머니, 탐욕주머니.

매국친일주머니, 무사안일주머니, 한탕주머니, 어디 이것뿐이겠냐마는 통 털어 매음주머니일 것이다.

베드로가 대답하여 가로되 "다 주를 버릴지라도 나는 언제든지 버리지 않겠나이다." 예수께서 가라사대 "내가 진실로 네게 이르노니 오늘 밤 닭 울기 전에 네가 세 번 나를 부인하리라."

베드로가 가로되 "내가 주와 함께 죽을지언정 주를 부인하지 않겠나이다."라고 모든 제자도 이와 같이 말하느니라.

"내가 예수를 너희에게 넘겨 주리니 얼마나 주려냐." 하니 그들이 은 삼십을 달아 주거늘 그 때부터 유다는 예수를 넘겨줄 기회를 찾더라.

유다가 입 맞추려고 가까이하는지라 예수께서 이르시되 "유다야 네가 입맞춤으로 인자를 파느냐" 하시니 "원수를 속이기 위한" 거라며 시치미를 떼느니라.

주머니 가리지 않는 사리사욕의 대부와 대모들. 이 정권의 권력을 주무르는 포주와 창녀를 부를 때 참 포주 참 창녀라고 부를 일이라고 닭이 횃대에 오른다, 오늘도.

* 2~4연 성경 인용.

고해

움직이는 저 시간이 바퀴벌레라면
파리채로 때려잡을 텐데 그러면 나도 죽을 텐데
죽고 싶을 때 그렇게
죽을 텐데

시간은 간고등어 찌개다.
죽은 시간을 끓인다. 살아 있는 동안, 죽은 모든 시간을
요리해 목숨을 부지하는 것이다.

4 · 19 학생의거를 주검으로 몰고 간 5 · 16 군사쿠데타
혁명이라는 미명으로 죽음을 생산한
정치는 사이비종교.

새나라 번개, 대를 이은 위선의 딸 천둥
일본천황에게 혈서로 충성맹세를 한
이를 신이라 받는 이가 존재하는
참 이상한 민주주의
자본주의

깨끗하게 도배하고

장판 깔고 얼마 전 페인트 칠한
지하방으로 잽싸게 뒤따라온 바퀴, 벌레 때문에
파리채는 파리만 잡는 게 아니라는 걸 알게 된다.

유신 회귀란 참으로 무서운 짐승
독재라는 걸 배운다,
오늘도.

친일과 독재

분단의 각혈로 피어난
철의 삼각지 저 월정리역 하얀 함성
그치지 않는데

국군포로, 남북어부
생사조차 알려하지 않는 위선의 파수꾼
역사교과서 국정의 오르가슴에 여념 없는
유신 독재와 친일의 망령이
포옹하는데

6 · 25병력 참전 16개국
의료지원 5개국, 물자지원 20개국
녹슨 기차 닮은 피 머금은 억새꽃
아직도 하얀 발톱
치켜세우는데

국권 쟁탈, 권력쟁탈 이권쟁탈
일베와 뉴라이트들이
민주주의 목을 물고서
저마다 순교자라고
부르짖는데

피뢰침

번개 일어 천둥 벼락이다.
역사교사서 국정화 반대에도 꿈쩍 않는 새나라
새나라 방패

저 피뢰침은 정말 나락那落이다.

여태 집어삼킨 황금들
어느 기관마다 저장되어 있을지 모르는 일
돼지저금통 벌건 배를 가르듯 메스를 들이댄다 해도
웃음소리만 가득 깔깔깔
토해낼 것이다.

상념으로 무장한 빗길로 떠난 전주행
시간의 바퀴가 구른 지 2시간 30분 서울행
무심코 읽으면 한낱 종잇장에 지나지 않을
고속버스 기사 양반의 머리 위에
멋지게 걸린, 차훈車訓을 본다.

제발 신발 벗지 마세요.
손톱 발톱 깎지 마세요.

세종로와 여의도 혹은 이어도 · 1

- 몽룡이와 춘향이

부두엔 언제나 등대가 있지. 그럼 갈매기도 날고 나룻배도 있지. 암, 있고말고 천하 대장군여장군 장승이지.

어둠이 저고리 풀고 희멀건 젖가슴 드러내는 시간, 새벽은 아랫도리 치켜들고 짝짜꿍이 벌인다.

냄비와 국자들 만선이면 한바탕 싱크대 아래 젓가락 숟가락 난리법석이지. 원종동 미장원 주인마님도 한몫 거들지.

저마다 몽룡이와 춘향이라고 그네 탈 때, 법문에서 나와 스님 장삼자락 만난다. 저 나비 떼 벌 떼 아직도 그 짓거리다. 바랑이 가벼워 다시 탁발을 나선다.

세종로와 여의도 혹은 이어도 · 2
-신호등

새아씨 몸짓으로 걷는 저 여인 젖가슴엔 유두가 없을 게다.

詩行 하나를 채울 때마다 교활한 새서방 사모관대 벗겨져 연지곤지 문드러져 오르가슴이다. 무지갯빛 꿈 성전환 중이다. 호모와 레즈비언 살 길이다.

간질과 몽유의 수도 서울 배꼽 하나였다가 두 개였다가 송곳니 드러내고 독사들 회동이다. 어제는 디스코 오늘은 테크노 내일은 호모 데이. 레즈비언 데이.

운다고 하면 울고 웃는다 하면 웃는 대표적인 자연 개구리, 귀뚜라미, 매미의 아름다운 교신이 들린다. 한창이다, 저마다 혀 속에 숨어 있는 달콤한 법의 수화. 원앙금침 연극이 끝날 때면 봇물 터질 게다.

커밍아웃. 본 프로그램은 세종로와 여의도 사정에 따라 변경될 수도 있음.

세종로와 여의도 혹은 이어도 · 3
- 비문증

썩어 문드러진 싹들이 꽃이라고 우긴다. 온라인 오프라인 가리지 않고 돌돌돌돌 뭉쳐

창피씨 추천씨 무도씨 노환씨 맹견씨 팽만씨
마비씨 허황씨 공갈씨 사골씨 전복씨
방문씨 봉축씨 우미씨 빈정씨
손금씨 변돈씨 석순씨
빙초씨 반편씨
후장씨.

다시 곱게 단장한 유신 친일씨, 독재씨, 닭씨, 10년, 18년, 19통들 모두 모여 구슬치기 딱지치기 벽치기 마장놀이 카드놀이 마작놀이. 놀이놀이 눈부신데 내 워낭은 언제 소리를 그치려나.

세종로와 여의도 혹은 이어도 · 4

- 별똥별

어둠이 둥지 튼 여의도의 밤은 오가는 별들의 잔치. 언제나 찬란해 섬을 둘러싼 영역 싸움은 그칠 줄 몰라.

"종이 중에 최고 품질은 돈" 이랬지.
"그 돈의 주인은 욕망" 이라지.

수확의 계절 가을이 그 풍만한 가슴 열더니 이내 아랫도리마저 연다. 벌린다. 슬픔, 그 어둠의 창자 속에서 햇살을 씹어 댄다, 어거적어거적.

먹어도먹어도 허한 월세 십만 원짜리 지하온실. 어쩌다 내 텅 빈 방에 풍덩 빠진 달을 이따금 건져 품는다. 희망, 그 잉태와 출산.

세종로 여의도 혹은 이어도 · 5

- 매혈과 흡혈

저 아지랑이.

꽁꽁 얼어붙은 난민의 겨울, 1월을 파헤치노라면 4대 강 살리기만 날개 달고 허물허물 날아올라 서울 시장 시절 청계천 복원의 맛보다 더 좋은 착각에 빠져 국민의 피와 땀인 혈세로 지어진 삿된 허구를 내려다본다.

빛 좋은 개살구 명박. 여기저기 예산삭감 4대 강 절벽, 서민 살리기 밧줄에 목매지 않고도 손쉽게 몸 던진다. 아, 저 만삭의 공약 낳고 보면 어화 둥둥 내 사랑 화무십일홍. 일장춘몽.

통통하게 살찐 어둠의 아가리들 다시 또 대권을 물어뜯는다. 공약을 찢어 대는 박쥐의 이빨들 늘 음모를 뱉어낸다. 매혈과 흡혈의 이중주 여야 야여 창세기마다 날카롭다,

저 안개.

제 7 부

빈 방 없음

불감증

수입차 불빛 속으로 달려드는 주지육림 아침을 위해 애견미용, 애견호텔은 24시간 영업 중.

아무렴, 불감증을 프라이팬에 올려놓는다고 해서 달아오른다고 해서 결코 팬케이크는 되지 않는다.

달뜨는 밤이면 앞다퉈 달려드는 고독한 詩의 바이러스를 오랜만에 열 편이나 거둬들었건만, 오늘도 횃대에 오른 새벽은 아직도 졸고 있다.

철새도래지 경복궁과 국회의사당 마담뚜와 기둥서방은 24시간 합방 중.

낮밤 없이 헹궈야 하는 여의도의 뒷물 치다꺼리에 죽는 날까지 허리 펴고 떠나지 못한다네, 허리 굽은 詩의 노숙자는.

인형의 방

어린애 젖꼭지만 한 새싹을 앞에 두고 얼큰하게 치기 오른 봄. 금방이라도 터질 듯 부푼 초록의 유방 흔들며 손상된 새벽의 파일 리모델링 중이다.

법의 식탁은 늘 인형으로 가득하다고 변태복음이라고 바늘구멍 너머 천국이라고 모든 권력과 탐욕이 나란히 그 앞에 줄을 서고 있다.

그럼, 남녀평등이지
그럼, 먹어야 채워야
안분지족이지.

봄을 찾아가는 달팽이 기억의 항로를 더듬어 간다. 필생즉사 사필즉생 느와르다. 압력솥 증기 닮은 증오나 분노는 없다. 그저 공의 닻과 허의 돛으로 무장했을 뿐이다.

가을을 찾아가는 지렁이 시간의 흉터인 주름살을 오므리고 펼 뿐이다. 허공에도 계단이 있어 수평선 끝에 발 담그고 각혈하는 노을을 본다.

명품

답십리에서 제기역, 제기역에서 다시 동대문운동장역 그리고 종로 인사동 탑골공원까지 3시간 도보 순례다.

양말 두 켤레와 국수가 천 원. 아름다운가게 청바지와 원조김밥이 천 원. 면 티셔츠와 브래지어가 천 원. 해장국과 콩나물밥, 자장면이 이천 원인데 참외 · 자두 · 복숭아 · 토마토도 한 바구니에 이천 원이다. 이발 삼천오백 원. 가방과 운동화가 오천 원. 남녀 팬티 넉 장에 오천 원. 구운 닭 세 마리 만 원. 구두 만 원. 유모차 만 원. 만 원이면 넉넉한 행복을 배운다.

어느 날 자고 나니 없어진 자전거, 혀를 찼지만 역시 가난한 내겐 가난한 것들만 반짝거려 거듭나는 가난한 등짝이 푸근해 한쪽 팔이 없는 걸인 천 원. 두 손목이 없는 걸인 천 원. 두 다리 없는 걸인 천 원. 석 장에 천 원짜리 손수건에 담긴 행복이 모처럼 묵직하다.

혹세무민 무법천지라 그리움의 맨홀에 빠지다 보면 어딜 가나 교회, 예배당. 십자가 풍성해 커피와 사탕으로 얼룩진 홍보전단지 무료지만 말씀 테이프까지 덤이다, 오늘은.

열대야

2009년 7월 28일 귀뚜라미 우는 소리가 내 가슴 깊숙이 묻어 놓은 기억을 끄집어 낸다. 재활용되지 않는 지난 나이를 헤아리는데 잠꼬대 같은 어둠만 내린다.

폐품이나 다름없는 상처를 골동품인 양 쓰다듬어 본다.

저 음모, 사타구니 속 깊숙이 숨겨 놓고 하나씩 써먹는 사리사욕, 당리당략을 딴엔 지략이라고 번들거리는 정관과 선량의 개기름이 양심을 본다.

오늘도 열대야의 쇼는 계속된다.

양팔이 비수며 가슴이 철판인 위인을 위해 뒤치다꺼리하는 옆집 할머니. 새벽 서너 시면 딸그락딸그락 부스럭부스럭 깡통, 병 등 폐품 가려 내는 소리를 듣는다.

다시 열대야

탈수기조차 없는 손세탁에도 행복한데 괜스레 버블세탁기가 버블버블 손짓한다.

어둠이 물고 있는 발정난 달을 올려다본다. 명품의 사생아, 권력의 사생아, 미다스의 사생아들이 오염된 시간의 거미줄에 덕지덕지 붙어 있다. 주머니 속에 늘 가지고 다니던 엿을 건넨다. 엿 먹어, 맛있게 먹어 엿.

커피 잔이 어떻게 생겼는지는 몰라도 된다. 그저 그 잔 속에 든, 마실 수 있는 마음만이 행복일 뿐이다. 오늘도 엿장수 맘이 푸짐하다.

빈 방 없음

검사의 상고이유서에 답변서를 보낸다.

입과 항문이 하나로 된 목구멍은 있건만 내 몸뚱어리엔 금은방이 없다. 어디 보자 별 다섯 개인 특급 호텔 지하방에서 부고의 청첩장이나 쓸까 보낼까.

언제쯤이면 가짜 도장 찍은 저 서류를 찢고, 오르가슴에 소리치는 저 새벽의 비명을 지우고 달아날 수 있을지 목구멍에 칼을 대 보는 버릇을 기른다.

물이 마르자 꽃병의 구멍은 금세 시들해진다. 그래도 쓰레기 봉투는 아직 쓸 만하다. 내 버리기엔 아직 담을 마음이 남아 있건만 공허는 자꾸만 타워크레인에 매달려 현수막으로 나부낀다.

빈 방 없음.

아름다운 건

아침 이슬 영롱하고
저녁 노을 아름다운 건
금세 사라지는, 오래 살지 못한다는 걸
잘 알고 있는 까닭인 것을

코고무신 농사에 잡초만 무성해도
보따리 든 아낙네는
강원도 억척이다.

고물상 낡은 탁자 위
감자 익는 냄새 구수하다.

브래지어 스타킹 팬티
젖병 우윳병 분유통 깡통 온갖 것
침 흘리고 있다.

그렇지, 생이란
잠시 왔다가 가는 되돌아올 수 없는 아우토반
고속도로인 것을

알게 하소서.
죽음이란 지구라는 새장에서 비로소 풀려나는
행복이라는 것을.

잡담이 끝나자마자 염세주의 허무주의 덩달아
편집증 한 마리
배꼽을 쥔다.

파산 혹은 회생

그림자 속에 깊이 묻혀 있던
한바가지 기억을
길어 올린다.

진실과 순수뿐인
낡은 호주머니 펼쳐 보면 오늘도 텅 빈 손바닥
어지럽게 널려 있는
손금만이 풍작이다.

아직도 낮밤 없이 헹궈야 하는 여의도의 뒷물에
주름만 느는 허리 굽은 복수초
언제쯤 접을 수 있을까

바람의 속살만 먹고 사는,
이어도 뱃길만 바라보는 여기는
국민 없는 민주주의 여의도국
총궐기 리포트
노숙자.

박쥐와 간이역

핸드폰을 열면
사랑과 믿음의 모래성이 있지.

암수를 가운데 두고
빙빙 둘러선 당 · 정 · 청 그 발기한 유두에
청진기를 댄다.

기억의 흔적을 더듬어 올라가면 떠오르는
생생하게 되살아나는
헛발질하는 여 · 야
부처는 없다.

마지막 열차라고 모두 내리라고
뱀 혓바닥 서로 엉켜 배고픈 복지를 핥고 있을 때
마음 속 부처가 마음 밖 부처를 만나
장미 한 송이 바친다.

여의도 복음

- 선거철마다

인터넷 F5 새로고침

클릭하지 않아도 제 몸을 띄우고 가라앉히며
자유자재 회전문 드나드는
오류를 모르는
달과 해.

정치판에 둘러앉은 넙치, 광어,
도다리 저 눈알이 아침이란다. 도마 위에 오른
오징어, 낙지, 주꾸미
저 주둥이가
복지란다.

피둥피둥 살 오른 파리, 모기, 바퀴
오늘은 소주 안주
입맛이 돈다.
핑 돈다.

커튼을 열면

켜켜이 꽉 들어찬
해바라기 씨와 석류 알은
수입과 지출로 탐욕을 저울질하는
정치의 권력

피난처 없는 지하 좁은 방
한 자리에서 붙박이로 면벽하다가
이맘때면 눈 뜨는 선풍기
입 열면

4대강에서 분신자살
경마 경륜 닭싸움 소싸움 판돈 챙기는
카지노 놀음에
흠뻑 취한다.

아무도 의심할 필요 없다.
퇴마사는 없다. 그저 십자가만
하늘 찌르며 사랑을
게워 내고 있다.

빨간 구두 유리 구두

친일의 성기를 드러내고 청문회마다 날름날름
성형문자를 쓴다.

빨간 구두 · 유리 구두 · 유신 구두의 하이힐에 얻어터진 슬픔이 지하방으로 쏟아져 내리면 음침할수록 썩을수록 죽어 있던 시간들이 일제히 눈을 뜬다.

이젠 백주白晝에도 아랑곳없이 날뛰는 권력과 탐욕을 먹고 사는 기생충 좀벌레 쥐벼룩 바퀴벌레 거머리 들이 활개를 친다.

피가 돌지 않는 정부를 위해
가마우지의 희생이, 호치키스에 찍힌 진실이
각혈을 한다.

거미 혹은 독사

인터넷 검색하는 어느 날
불쑥 내 눈앞으로 찾아온
거미.

영화 속의 한 장면처럼 그렇게
줄 타고 살그머니 내려와
정치판을
엿본다.

다리가 소금쟁이다.
가늘고 길다. 날렵하다. 자세히 뜯어보면
심장이 강철이다. 동전의 양면으로
여야 한통속.

고루고루 국고낭비 인면수심 저 방울뱀.
몰래몰래 혈세착취
혀 널름거리는
저 살모사.

권력과 치부행사

여의도 그 곳에 가면
모가지도 거룩하게
쌓인

축 출판회
축 사인회
축 피로연

오늘 갓 죽은
싱싱한
꽃.

축 회갑
축 미수
축 희수

여기까지는
삼가 고인의 명복을
빕니다.

파산

까치집만큼의 보금자리라도 있었으면 좋겠다고, 바람이 설거지통에서 구멍을 찾는 그 사이, 후줄근하게 젖은 낡은 지갑 깊숙이 숨어 있던 어린아이 하나 어느 문학의 수족관에서 엉금엉금 기어 나온다.

밥상 가장자리에 걸터앉아 소리 지르다 다시 낡은 지갑 깊숙이 자리 잡는다. 그 사이 까만 허기 수북하게 쌓이는 숟가락. 다달이 꼬박꼬박 올라오는 월세의 헛구역질에 오아시스 없는 사막조차 상상임신을 한다.

고속도로에서 쭉 뻗은 짐승의 희멀건 눈동자로 변할 때마다 자꾸만 담배로 손이 간다. 머리는 매연으로 가득 찬다. 방 구석구석 그을음들 누렇게 기어 다닌다.

여의도에 흐드러지게 눈꽃이 필 때면, 듣지 않는데도 저 혼자 떠들어대는 사회와 경제, 그 난장판인 정치의 따귀를 올리던 詩가 오늘도 화장실 문을 연다. 똥오줌을 눈다.

철새처럼

저만치 입동을 지나고 있다. 이제 곧 조심스레 12월의 문을 열고 1월을 맞이할 것이다.

옷 입을 때와 벗을 때를 아는 가로수를 보면 나는 올 한해 뭘 입고 뭘 벗었는지 모르지만 12월의 뒷문을 열 때면 언제나 시간의 상처인 몸과 마음의 주름살과 마주 칠 것이다.

라면 칼국수에 국수를 조금 넣고 멸치를 넣으면 양도 많아지지만 그것보다 맛있다는 어릴 적 국수가 쌀인 양, 그것도 없어 풀죽을 끓여 먹었던 시절 밤마다 보물지도 그리던 어린 아이를 만난다.

만나고 헤어지고, 헤어지고 만나는 끝에 영원한 만남과 헤어짐이 공존하는 죽음이라는 골짜기에 들어선다. 사람들은 대부분 사망이라는 친구를 잊고 지낸다지만 서녘 하늘 한 점 잘라먹고 가는 철새처럼 나도 한 점 점이 되리라.

| 작품해설 |

고독감에서 파생되는 고통의 시학

이 병 옥 | 프랑스 파리10대학 불문학 박사

화엄시華嚴時의 포에틱스Poetics

-윤건영 제12시집 『빈 방 없음』에 대한 **評說**

이 수 화 | 시인, 문학평론가

| 작품해설 |

고독감에서 파생되는 고통의 시학

-윤건영 시집 『빈 방 없음』

이 병 옥 | 프랑스 파리10대학 불문학 박사

『빈 방 없음』 시집 전반에 깔린 분위기는 답십리 평화시장 곱창골목을 홀로 배회하던 남자가 어느 허름한 주막집에 들러 막걸리 잔을 기울이며 한없이 늘어놓는 모노로그를 연상케 한다.

> 가난이 천직이라 셋방살이 지겹도록 전전하여 오늘은 답십리에 머물고 있다. 부자가 뭔지 행복이 뭔지 몰라도 삶과 죽음의 죽살이를 캐고 있음에 만족이다.
>
> -「청승」 중에서

『빈 방 없음』은 60대 가난한 남자가 바라보는 세상살이, 그 일상의 파편들에 대한 단상과 성찰들을 담고 있다. 그런데 아무도 들어 주지 않는 넋두리라 해야 할까. 가슴에 쌓인 한을 풀어 낼 길 없을 때 터져 나오는 신음소리라 해야 할까. 술주정하듯 늘어놓는 넋두리들이다.

내가 짊어지고 다니는 가방엔 온갖 상처들로 가득 하다.

- 「지붕과 지붕 사이」 중에서

인생의 황혼 길에 접어든 남자는 이제는 어깨에 짊어지기 버거워진, 상처들만이 담은 가방을 빈 방에 내려놓는다. 남자가 우두커니 앉아 있는 이 빈 방에는 세상에 대한 불평, 불만을 하소연하는 "맨발로 걷는 달팽이" 들만이 우글거리는 듯하다. 남자의 가방에서 흘러 나온 이 달팽이들은 인간세상의 정치판과 권력을 향해 "쇼걸과 쇼맨" 으로 간주하며, "억억억 숨넘어가는 이권의 오르가슴" 으로 과감하게 비판한다.

이뿐만이 아니다. 무거운 삶의 가방을 빈 방에 내려놓은 남자는 누구보다도 시인임을 자처한다. "시란 놈이 도대체 어떻게 생겨먹은 물건" 인지 모르겠노라고 투덜거리며, "할 일이 없어 심심풀이로 시를 쓰고 있다" 고 푸념을 늘어놓는가 하면, 시는 "포르노 영상" 이나 다름 없다고 독설을 퍼붓는다.

이렇듯 빈 방 속의 시인은 시와 바깥세상에 대한 비판적 시각을 과감하게 표출하지만, 그 세상을 바라보는 '나' 는 철저한 아웃사이더에 불과할 뿐이다. 시인이 도시 문명에 밀려난 인생 패배자는 아닐까?

지하 셋방 난민의 주머니 속 겨울조차 부러운, 겨울을 끌고 가는 홈리스 노숙자를 본다.

-「겨울나기」 중에서

『빈 방 없음』은 얻지 못한 것들에 대한 한을 품고 화려한 도시의 변두리 뒷골목을 헤매거나, 빈 방에 홀로 우두커니 앉아 세상을 향해 고함치는 시인의 모습이 그려지고 있다. 바로 여기에서 왜 시를 쓰는가? 라는 원초적인 질문에 다시 부딪친다. 윤 시인의 시집을 접할 때마다 제기되는 첫 질문이자, 앞으로 지속적으로 던져질 스핑크스적인 질문인 것 같다. 한 가지 분명한 사실은 그에게 시는 넋두리를 표출할 수 있는 도구가 된다는 점이다. "허수아비이거나 송장처럼 눈감고 떠는 시간의 늪에서 詩의 바늘로 그저 쿡쿡 찔러 대며 죽어야 낫는 병을 앓고 있는" 남자는 시라는 도구를 이용하여 세상을 향한 넋두리를 늘어놓는다. 따라서 그에게 시를 쓸 수 있다는 자체가 그의 삶이 부여하는 가장 소중한 특권이 되고 있다.

황무지와 같은 인생살이를 살아가는 그에게 "시는 사막의 낙타"나 다름없기 때문이다. 동시에 시인은 "홀아비 냄새로 절은 詩"들을 토해 내고 있다는 자조감에서 한시도 빠져 나오지 못하고 있다. 그 "홀아비 냄새로 절은 詩"들에는 바로 '나' 에 대한 심각한 자기노출증이 깊숙이 배어 있고, 시인 스스로도 이 사실을 인식하고 있는 까닭이다.

그렇다고 해서 시인이 자기도취증에 빠져 현실보다

한층 미화시킨 '나'의 모습을 그려 내고 있는 것은 아니다. 시인은 선천적으로 솔직함과 정직성을 지니고 있어 글쓰기에서도 거짓과 위선을 전적으로 배척한다. 그래서 진실과 동떨어진 아름답게 채색된 '나'의 모습을 독자들에게 강요하지 않는다.

시인 스스로가 '나'를 향해 노골적으로 자조적인 야유를 퍼붓는가 하면, 마치 아무도 없는 빈 방에 홀로 있는 남자가 벌거벗은 자신을 들여다보며 희희낙락거리고 있는 듯하다. 더 나아가 희희낙락거리는 '나'의 자화상에는 "가난이 천직"이라고 하소연하는 한 인간의 외로움, 고독, 소외감, 죽음에 대한 집념과 삶의 허무함이 뼛속 깊이 담겨 있다. 혹시나 인간사회에 소외되었기에 가난하고, 가난하기 때문에 외롭고, 외롭기 때문에 소외감을 느끼는 것은 아닐까?

시를 통해 아름다움과 낭만적인 정서를 섭렵하고자 하는 독자들은 자칫 "홀아비 냄새로 절은 詩"들의 신세타령에서 실망감을 느낄 수 있다. 감미로운 선율이 흐르는 낭만적인 시가 아니기 때문이다. 즐거움이나 환희가 아닌 '나'의 암담한 정신상황과 좌절, 고독, 가난을 보여줄 뿐이다. 독자들에게도 아픔이나 다름없다.

따라서 다른 원초적인 질문이 또 고개를 쳐든다. 왜 시를 읽는가? 외로움과 고독에 짓눌린 시인이 주절 대는 신세타령과 푸념들을 누가 들어 줄 것인가? 시인의 진정한 고독감은 바로 여기에 도사려 있다. 사글세 빈 방에 홀로 있는 가난한 독신남자이기 때문만은 아니다. 바로 "詩의 무덤"들 속에 홀로 갇혀 있기에 뼈저린 고독감이 밀려드는 것이다. 때로는 시를 쓰는 행위마저도 "사랑은 끝났는데 반지는 계속 끼고 있는 것"처럼 공허함만을 안겨줄 수밖에 없다.

화가들의 자화상과 견주어 본다면, 굵고 거친 선으로 검은 얼굴을 그려 낸 고갱의 '자화상'(1890년 작품), 남불 아를르에서 귀를 자르기 직전 짧게 깍은 머리에 바짝 마른 얼굴을 담은 반 고흐의 '자화상'(1888년 작품)을 떠오르게 한다. 이들 '자화상'들은 예쁜 꽃이나 아름다운 풍경그림처럼 잔잔한 감동을 안겨 주는 화폭들이 아니다. 그 반대로 지극히 어둡고 암담한 화폭들이다.

이들 화가들이 집착했던 것은 '나'의 외형적인 얼굴 모습이 아니라, 바로 자신들의 영혼 상태를 화폭에 그려 내는 일이었다. 이들은 자기 자신이 누구인지 정확히 들여다보았으며, 그들의 인생과 심리, 정신 상태를 그대로 화폭에 담아 냈다. 따라서 이들의 불행해 보이는 어두운 '자화상'에는 고독과 고통을 그림으로 승화한 에너지의 흐름마저 느낄 수 있다. 이들 화가들이 색채와 형상을 통해 '나'의 고뇌와 불안, 삶의 고통과 고독감을 묘사했다면, 빈 방에 갇혀 '나'와 직면한 시인은 단어와 어휘를 통해 한 외로운 영혼을 시각화하고 있다고 볼 수 있다.

시인의 모노로그적인 푸념에는 내면의 고통을 언어로 형상화하는 노력과 독특한 시적어휘들을 끌어 내는 힘이 담겨 있다. 넋두리라고 해서 그냥 막 써진 글들이 아니다. 현대의 최대소통도구인 트위터나 페이스북에 주저리주저리 쏟아 내는 언어들과도 다르다. 빈 방 속의 시인은 어떤 순간에도 자신을 있는 그대로 바라보려는 명철함을 잃지 않고 있는데, 바로 여기에서 시인만의 독특한 정서와 진주알 같은 시적세계가 만들어지고 있다.

가령, "목구멍에 가시로 박혀 있는 겨울", "뜬구름에 목을 매는 날 노을에 걸린 겨울", 혹은 "서녘 하늘 한 점 잘라먹고 가는 철새처럼 나도 한 점 점이 되리라." 등의 표현력에는 압축적이고 가시화된 상징적인 화폭을 전달하고 있다. "물구나무서는 밥그릇"이라는 시적표현에서도 가난한 자의 애환을 함축적으로 시각화한다.

> 비가 옵니다. 방바닥이 온통 A4용지로 발 디딜 틈도 없이 인산인해를 이루고 있는데 비가 찾아옵니다. 서너 푼 벌어보겠다고 그래도 그게 어디냐고 별 계산도 없이 불쑥 받아든 신인시인의 첫 시집 시 뭉치 한 보따리 펼쳐놓고 하나씩 어루만지는 비가 옵니다. 근 한 달여 만지는 동안에도 몇 번 다녀가기도 했지만 오늘은 그래도 이 빈집에 찾아준 것만 고마워 유난스레 푹 빠져듭니다.
>
> -「봄비 · 1」 중에서

여기에서 시인은 외로움과 고독감을 방 밖에서 내리는 빗물을 통해 멜랑꼴리하게 이미지화시키고 있다. 빗물만이 시인의 외로운 넋두리를 동반해 주고 있는 듯하다. 하지만 시인에게는 또 다른 동반자가 있다. 신인들의 첫 시집 원고들이다. 사실 빗물만이 유일한 친구인 것처럼 호소하는 시인의 넋두리는 방문 밖의 타인들을 향해 소리치고 있는 것이나 다름없다. 누구에게나 '나'의 인생은 유일하고 소중하며, 이 세상에서 '나'의 존재가 차지하는 위치를 가늠하기 위해 끊임없는 내적 움직임에 휩쓸린다. 『빈 방 없음』의 시인도 마찬가지이다. 인생 그 자체가 "죽음, 왔다가 돌아가는 허무한 세상"에 불과하다는 자각의식이 아주 강한 편이다. 이런 허무함이 강할수록 시인의 '나'를 세상에 알리고 타인으로부터 '나'의 존재가치를 인정받고자 하는 욕망도 강해질 수밖에 없다.

결국 시인의 궁극적인 목적은 '나'를 알리기 위해 시를 쓰고 있는 셈이다. 사글세방에서 시인이 늘어놓는 모노로그는, 한낱 "맨발로 걷는 달팽이"들의 무언의 신음소리가 아닌, 방 밖의 인간들과의 커뮤니케이션을 시도하는 수단이 되는 것이다. 전반적으로 『빈 방 없음』에 그려지는 시인의 자화상에는 타협을 모르는 외골수 기질이 뚜렷하게 드러난다. 그렇다고 해서 세상과 자기 자신을 바라보는 그 눈빛이 항상 괴팍하고 야유적인 것만은 아니다. "홀아비 냄새로 절은 詩"들에서는 푸근한 정겨움도 흘러나온다.

> 어느 날 자고 나니 없어진 자전거에서 혀를 찼지만 역시 가난한 내겐 가난한 것들만 반짝거려 거듭나는 가난한 등짝이 푸근해 한쪽 팔이 없는 걸인 1,000원. 두 손목이 없는 걸인 1,000원. 두 다리 없는 걸인 1,000원. 3장에 1,000원 짜리 손수건 담긴 행복이 모처럼 묵직하다.
>
> -「명품」 중에서

시인이 가난하기 때문에 가난한 사람들에게 던지는 눈길도 예사롭지 않은 것일까? 『빈 방 없음』에서는 소외되고 가난한 사람들을 향한 인간적인 체취가 절실하게 묻어난다. 그의 넋두리에는 사라져가는 옛 것들에 대한 향수와 정서가 담겨 있으며, 따뜻한 인생관도 스며 있다. 특히 시인의 가슴에는 이상향의 나라를 동경하는 애틋한 정서가 담겨 있다. 그 이상향의 나라는 시인이 살아가는 세상의 반대 모습인 보름달이다. 우리가 평소에 바라보는 평범한 보름달이 아니다. "내 어머니 쏙 빼 닮은 보름달"이다. 이 달을 바라보며 시인이 고추장과 말린 멸치를 안주 삼아 막걸리 잔을 기울이며 한없이 넋두리를 풀어놓을 수 있다면, 그 어느 누구도 부럽지 않으리라.

> 시를 보면 안다, 배가 부른지 고픈지.(…)
> 배부른 씨들끼리 배부른 詩를 들고 앉았다 일어선

다. 뛴다. 난다. 줄줄이 사탕 목에 걸고 그저 배고픈 척 아픈 척 詩들이 넉살에 익살이다.

-「철새도래지 · 2」 중에서

배고픈 매는 없고 배부른 쥐만 우글거리는데 시가 걸인이 되어 시인에게 손 내민다.

-「철새도래지 · 1」 중에서

『빈 방 없음』에는 시에 대한 사랑이 절절히 흐르고 있다. 결국 시인의 모노로그는 '배부른 시'와 '배부른 시인'에 대한 반감으로 귀착되고 마는데, 시인은 "배부른 시의 텃밭을 뒤엎기 위해 나막신을" 기꺼이 신겠노라고 부르짖고 있다. 여기에서 배부른 시인이라 함은 결코 물질적인 풍요만을 뜻하지 않는다. 진정한 의미에서 정신적으로 빈곤한 자들을 의미한다고 할까. 정신적 빈곤은 곧 고독과 외로움이 안겨 주는 고통의 부재에서도 흘러나온다.

닻과 돛이 될 詩의 싹이 자란다. 어두울수록 밤이 깊을수록

-「철새도래지 · 1」 중에서

사실 고독감에서 파생되는 고통도 "어두울수록 밤이 깊을수록" 깊어지기 마련이다. 고통은 창작의 모체이다. 삶의 고통과 고독을 시, 그림, 음악 등 예술을 통해 승화하려는 치열한 의지는, 곧 '나'의 영혼을 구제하고

자 하는 자신과의 처절한 싸움과도 직결된다. 시인이 정녕 고독한 것은 시라는 예술을 실현하기 위해 혼자서 고뇌를 부둥켜안고 있는 까닭이다.

결국 고독과 외로움을 뒤집어보면, 시 활동에 걸림돌이 되거나 방해하는 이들도 곁에 존재하지 않는다는 의미로 해석될 수 있다. 철저하게 외로운 사람이기에 시의 세상에서나마 마음껏 활개를 칠 수 있는 것이다. 치열한 고독감과 외로움, 소외감을 진정으로 사랑해야 비로소 인생을, 시와 문학을 사랑할 수 있다는 뜻일 게다. 결국 빈 방에 홀로 앉은 남자는 "시인은 배가 부르면 배고픈 시를 낳지 못한다."라며 세상을 향해 함성을 지른다. 정작 그의 내면에는 '나는 정신적으로는 부자다!' 라는 자부심이 스며 있다.

> 그래도 배고플 때가 제일 행복하다고 조금 남은 미역국 꿀맛이라고 늘 혼자 밥 먹는 남자 거울 마주하고 웃는다.
>
> -「환幻 · 1」 중에서

시란 무엇인가? 시를 왜 쓰는가? 『빈 방 없음』에서 하나의 대답을 찾을 수 있다. 빈 방 속의 시인은 '배고픈 시' 를 만들어내기 위해 계속해서 가난한 시인의 길을 걸으리라. 가난한 시인의 한을 쫓아 내기라도 하듯, 시의 세상에서 살풀이 춤이라도 추듯, 마음껏 넋두리를 풀어헤쳐 놓으리라. ■

| 작품해설 |

화엄시華嚴時의 포에틱스Poetics

-윤건영 제12시집 『빈 방 없음』에 대한 **評說**

이수화 | 시인, 문학평론가

윤건영 시인의 시는 인간 존재의 부정적 사물과 사태에 길항적拮抗的으로 맞서는 포에틱스(Poetics시학詩學)를 지향한다. 정신의 한 가닥도 뒷걸음칠 여지도 두지 않는 불퇴전의 도전적 대결의지를 불태워 꽃피워야만 하는 시쟁이詩匠人 윤건영 시인만의 구원의 시학이다. 이와 같은 윤건영시詩의 표상성, 그 형상화 작업은 이번 제12시집 『빈 방 없음』(도서출판 들꽃 2016, 刊行)에 이르러서도 여전한 현재진행 추세다. 한 시인의 위대성의 포에지詩精神은 구원토록 우리의 이데아적 지향에 수반하기 때문이다.

그것을, 즉 지난 11권의 '윤건영 길항적 구원의 시학'을 여기에 시시콜콜 거론할 필요가 없거니와 한마디로 그것은 호한 강고성의 시적 스턴스(stance태도, 자세)로써 일궈 낸 시인만의 자산을 넘어서는 우리의 정신사적인 산 유산인 것이다.

거기에는 첫시집 『태극기가 바람에 펄럭입니다』부터 『건영아, 건영아』, 『몸살꽃』, 일만오천 행 장시집 제1권 『옷 벗는 욕망의 셀프서비스』(이수화 서문), 제2권 『손과 문명의 이기를 위한 변주 카페 핸드&폰.』(이수화 평설), 제3권 『시와 구토』, 제4권 『거머리』 그리고 청소년 시집 『사랑의 고향 당신』(이수화 서문), 『첫사랑 짝사랑 그리고 동행』, 청소년장시집 『혼자 부르는 노래』, 그리고 이번 『빈 방 없음』에 앞선 시집들 『시와 구토』(2004년간), 『거머리』. 『바람의 자궁』(이상 2008년 도서출판 들꽃 刊行)과 같은 화려장대한 그의 필모그래피(filmography)가 포진해 있는 것이다.

윤건영 시문학의 길항적 포에지는 저토록 지속적이다. 그 구원의 시학(Poetics) 텍스트마다의 형상화에 나 스스로 설란舌亂 불금不禁이 아니 될 수 없다. 가령,

> 성욕과 식욕의 명상이다.
>
> 조그마한 사발을 엎어 놓은 듯한 가슴을 가진 여인과 볼링이나 한 게임 했으면 하지만 재미난 영화도 1시간 30분이면 끝나고 화장터 화장도 1시간 30분. 생사가 다 그렇지. 영원할 것 같은 하늘도 떨어진다는 걸 찰나의 아름다움을 밤하늘 저 유성들이 말해 준다.
>
> 오줌을 누면 당뇨가 카페오레 거품으로 어화둥둥.

일 주일 약 먹지 못했더니 혈압이 승천하고 있다. 탐욕 사기. 쾌락의 환희. 미끼. 증오와 폭력과 타락의 문은 항상 구멍. 불쑥불쑥 식욕과 성욕이 복제되어 나오는 구멍 기억의 동굴에 집을 짓다 주인 기다리는 상갓집 구두 반들반들 개기름 흐른다.

가슴이 작은 사람이 좋아, 그런데
여의도 넌 너무 커!

-「넌 너무 커」 全文

"뱀이 껍질을 벗지 못하면 죽는다." 니체의 이 말은 윤건영의 예시 「넌 너무 커」, 즉 여의도라는 정치의 은유隱喩 지대(국회)에 대한 길항적 어조를 또한 은유적으로 표상한다. 그것은 척박하게 말해 시인(윤건영) 자신의 정치적 불만을 텍스트의 화자를 통해 토로하는 식욕과 성욕 따위다.

"조그마한 사발을 엎어 놓은 듯한 가슴을 가진 여인"과 볼링을 즐길 수도, 당뇨약을 일주일씩이나 복용할 수 없는 병고病苦도 가슴이 조그만 사발 엎은 듯 조그마한 여인처럼 만만치 않은 너무 큰 여의도 때문이라는 은유인 것이다. 껍질을 벗지 못해 죽을 수만은 없다는 함의가 시인의 포에지에는 지구 심층에 화동火動치는 마그마처럼 요동치고 있는 것이다. 우리의 위대하다 할 수밖에 없는 니힐리스트(nihilist, 허무주의자) 니체 정신의 본질, 영겁 회기 사상이다. 인간은 영원히 확립되지 않은 미완성의 존재여서 산정을 향해 바위를 굴려 올리는 행위(인간의 성실성)를 멈춰선 안 되는 것이다.

우리의 삶과 죽음이 영원히 끝나지 않는 혼종성混種性의 경계임을 결연히 인식하고 저 행동의 작가 헤밍웨이처럼 우리는 상처받을지라도 무릎 꿇지 않는 오연한 인간 불굴의 위의를 잃어서는 안 된다는 것이 니체이즘(헛됨이 아닌 영겁회귀의 허무사상)임을 윤건영의 시 정신은 실천하고 있는 것이다. 그래서 시인에겐 '빈 방 없음' 이다. 시詩로써 빈 방을 가득 채우는 삶과 죽음의 혼종성을 극복하는 자아 존재의 성실을 다하는 시인이 존재하고 있기 때문이다. 그 방(세계공간)엔,

검사의 상고이유서에 답변서를 보낸다.

입과 항문이 하나로 된 목구멍은 있건만 내 몸뚱어리엔 금은방이 없다. 어디 보자 별 다섯 개인 특급 호텔 지하방에서 부고의 청첩장이나 쓸까 보낼까.

언제쯤이면 가짜 도장 찍은 저 서류를 찢고, 오르가슴에 소리치는 저 새벽의 비명을 지우고 달아날 수 있을지 목구멍에 칼을 대 보는 버릇을 기른다.

물이 마르자 꽃병의 구멍은 금세 시들해진다. 그래도 쓰레기 봉투는 아직 쓸 만하다. 내 버리기엔 아직 담을 마음이 남아 있건만 공허는 자꾸만 타워크레인에 매달려 현수막으로 나부낀다.

빈 방 없음.

-「빈 방 없음」 全文

예시例示 화자는 검사 상고이유서에 답변서를 보낸다. 그 내용은 입과 항문이 하나의 장기로 연결된 몸뚱어리뿐 벌금이나 탕감할 돈도 없어 별 다섯 개인 은유의 지하방에서 자살 이유서를 써 보낼까(1~2 스탠자) 망설인 끝에 목구멍에 칼을 대 보는 자살 충동에 사로잡힌다. (3스탠자) 제4련 역시("조그마한 사발을 엎어 놓은 듯한 가슴을 가진 여인"과) 은유의 가상섹스도 시들해지자 자신이 쓰레기봉투란 자괴감과 타워크레인에 매달려 현수막으로 나부끼는 지독한 절망적 공허감에 휩싸인다. 시인의 빈 방은 니체의 영겁회귀 사상이나 헤밍웨이의 행동주의가 무력해진 상황이긴 하지만 "내 버리기엔 아직 담을 마음이 남아 있건만"(4련 2라인)이라는 시인다운 불퇴전의 용력이 저 지구 지층 속 불타는 마그마(정신력 · 시정신) 한 가닥인 양 가물거리고 있다 하겠다. 공허감은 니체이즘의 허무일 수는 없기 때문이다. 시인의 공허, 슬픔이란,

지하 부엌 맞은편 건물 지하 셋방에서 지금 몇 시간째 부부싸움 중이다.

용산 4구역 불길 잦아들면 초상화의 홍수로 다시 떠밀려간 죽은 시간을 만진다.

한 해 실종사건 6만 건 중 미해결 3천 건 2009년 2월 11일 자 다음(daum)사회면 올해 들어 부산에서만 42일 동안 53명 자살

머리는 항상 도마 위에 올려놓고 뛰어내리기 좋은 풍경 만날 때면 두 팔을 활짝 펼치고 활강하는 꿈을 꾼다.

바람의 조각 움켜쥐고 넋 놓은 낙지처럼 싱싱한 슬픔이다.

-「싱싱한 슬픔」 全文

— 라는 예시의 절망적인 사회 상황쯤 최종련 후말 라인처럼 그 낙지 신세(화자)가 낙지(싱싱한)를 식재료로 입맛을 다셔보는 상황존재에 불과하다. 머리를 항상 도마 위에 올려놓고 기회를 봐 활강(도피)을 꿈꾸고 있어서이다. 어디로 가야 하는 도피일까. 더 큰 슬픔을 만나러 가는 도피일 터이다.

관의 길에서 반듯이 누운 어머니 생각하면 고향 냄새가 난다.

기억의 무덤을 열면 보인다. 꽃이 좋아 꽃 닮은 어머니. 숟가락 들다 멍하니 바라보시던 어머니 텅 빈 눈망울. 오늘도 그 울음에 매달린다.

끼니때마다 늘 엄마 찾는 철부지. 단풍 들고 낙엽 지면 바스락거린다. 그 옛날 빨래터 찾으러 고향으로

가는 육순 능선에 서서 내 어머니 쏙 빼닮은 보름달을 본다.

-「고향」全文

위 시 상황에서는 윤건영 포에지의 도피가 보름달이 어머니를 쏙 빼닮은 보름달 아래 어머니 무덤 속 그 관 속 고향 냄새를 맡는 것의 도피에 불과하다. 그것은 더 큰 슬픔이어서 그의 화자는 마침내,(행수 번호는 평설자 용)

①

그 누가 죽음의 엽서를 뿌리칠 수 있겠는가. 달콤한 삶의 암 덩어리 갉아먹고 즐기던 이카로스. 자연을 입고 사는 촌로의 소박한 웃음 그리운 날 묵직한 처방전을 들고 병원 문 나서는 사막을 본다.

서울은 온통 달로 가득하다. 달세, 월세, 셋방, 사글세 달거리로 훙건한 비린내다. 이윽고 벼룩시장 가로수 교차로에서 헤맨 아침 이슬을 털어 내던 햇살이 벌써 저녁 노을에 걸려 있다.

우편물처럼 죽음이 찾아온다면 도금된 도시의 링거를 꽂고 반길 것인가. 윤회의 수레 끌고 가는 날개 없는 몸뚱어리 오늘도 한사랑 병원 문 밀고 당긴다.

당뇨 · 고혈압 · 고지혈 · 역류성식도염 · 관절염 · 척추협착증 온갖 염마옹 앞에 무릎 꿇고 삼킨다. 2종 사약을 삼킨다. 새벽을 구워 먹던 어둠이 날카롭게 손톱을 세우고 친일과 독재의 자동차 클랙슨 소리를 내며 가난에 지친 난민의 고막을 마구 찢는다.

②

번데기에서 나와 흠뻑 젖은 몸뚱어리 말린 후 나비가 될 때 사람은 헛구역질하는 날개를 다는 것이라고 발신인 수취인 가리지 않고 온종일 꽃잎 쪼아 댄다.

꽃잎 다 떨어질 때면 언제나 수의壽衣 입은 아침이 이승과 저승의 경을 읽는다, 생과 사, 화장터 화구와 칸막이 사이 150분 정적 저쪽은 시간의 밖. 150분 정적 이쪽은 시간의 안이라고.

사흘 장례 끝나면 사랑의 이정표 뽑아 들고 너나없이 다시 휘적휘적 길 떠나는 민들레. 물끄러미 내려다본다,

두둥실 떠 있는 기억의 애드벌룬을 타고 떠난다. 낙산사 홍련암 마룻바닥 내려다본다. 절경이다. 윤회의 파도 소리. 여전하다, 쿵쿵쿵 갯바위 두드리는 원효의 주장자 소리.

③

아침 이슬 영롱하고 저녁놀 아름다운 건
금세 사라지는, 오래 살지 못한다는 걸
잘 알고 있는 까닭인 것을

코고무신 농사에 잡초만 무성해도
보따리 든 아낙네는
강원도 억척이다.

고물상 낡은 탁자 위
감자 익는 냄새 구수하다.

브래지어 스타킹 팬티
젖병 우유병 분유통 깡통 온갖 것
침 흘리고 있다.

그렇지, 생이란
잠시 왔다가 가는 되돌아올 수 없는 아우토반
고속도로인 것을

알게 하소서.
죽음이란 지구라는 새장에서 비로소 풀려나는
행복이라는 것을.

잡담이 끝나자마자 염세주의 허무주의 덩달아
편집증 한 마리
배꼽을 쥔다.

예시군群 ①은 「겨울나기 · 1」 ②는 〈절경〉 ③은 「아름다운 건」들이다. 윤건영의 '죽음'에 관한 인간 보고서이다. 시로 쓴 죽음에 관한 이 각론들은 각기 그 캐릭터(화자)들의 체험(의식 세계)과 삶의 불가피한 혼종성에 근거하고 있다는 데 나란히 병치해 보는 까닭이다.

①은 삶이 역겨운 셋방이란 달거리의 비린내로 가득찬 도시 빈민 속 어느 의료수급자 노쇠한 환자에게 죽음이 우편물처럼 예고 없이 찾아온 사연을 통해 우리 삶의

불가피성에 얽힌 척박한 죽음을 기록한다.

독자로서는 시인의 결곡한 죽음에 대한 사유를 엄숙하게 받아들일 수 있을 터이다. 정치적 복지사회에서도 저런 죽음이 있어야만 하는가를 사유케 하기 때문이겠다. 시인 자신의 죽음에 대한 염려가 짙게 배어 있어 독자도 이에 감염된다 하겠다.

다음②는 삶과 죽음의 혼종성에 대한 명확하기도 한 불교적 분별의 미학 그 아름다운 이미저리군群도 아름답게 형상화돼 있을 뿐만 아니라 이 시집 발군의 미학적 성공작 중 하나이다. 시인(윤건영)의 지구 속 마그마 같은 삶에의 열정이 절경으로 꿈틀거리고 있음을 감지하게 되는 텍스트이기도 하다. 시인에게 이와 같은 죽음의 유혹에서 벗어나는 결정적 의식의 터닝포인트가 바로 예시③이다.

"알게 하소서.
죽음이란 지구라는 새장에서 비로소 풀려나는
행복이라는 것을."
(예시③ 〈아름다운 건〉의 6련

시인(윤건영)의 "죽음이란 지구라는 새장에서 비로소 풀려나는 행복"이란 시정신은 염세주의, 허무주의에의 편집증일까. 그렇지 않다. 시의 후말 행 "배꼽을 쥔다." 의 표상어는 그 직전 스탠자 후말 2행 "죽음이란 지구라는 새장에서 비로소 풀려나는/ 행복이라는 것을." 에 시인의 단정사가 전제돼 있기 때문이다.

시인은 이 단정사가 편집증의 인사가 아닌 이 인용련 맨 앞의 "알게 하소서"라는 기도 행처럼 간곡하기 때문이기도 하다. 결국 시인의 이 메타텍스트〈아름다운 건〉 지구라는 새장을 뚫고 나오려 끊임없이 화동火動하는 마그마 같은 삶에의 열정 그 아름다움인 것이다.

이 시는 그 기법 면에서도 다른 이 시집 전체의 90% 이상을 점하는 산문시군散文詩群에 비해 극소수에 속한 일반 리리시즘 시이다. 따라서 이 시집은 성공적인 '윤건영 산문시집' 이라는 특성을 부여해 집중적인 평설을 가해도 좋겠으나 산문시의 인지도가 꽤 보편화된 시단 독자들의 기시감을 감안해 이 정도의 짤막한 한마디로 짚고, 윤건영 詩의 길항적 구원의 시학인 본지本旨를 계속하고자 한다.

이와 같이 윤건영의 시가 죽음에의 유혹을 극복한 그의 아름다운 삶에의 저 지구 속 마그마와 같은 포에지 단초를 연 시가 있다.

> 꽃을 잃은 벌나비, 떼 지어 허리 굽은 지하도를 날고 있다.
>
> 아가미, 지느러미, 비늘 아직까진 쓸 만해 이만한 수족관이라도 내겐 자연이라고 지하계단 10계단 더 듬더듬 내려간 다음 다시 다섯 걸음 옮기면 나타나는 자취 셋방.

달도 별도 없는 밤. 길 잃은 시간이 문 두드릴 때면 떠났다가 늘 되돌아와 눈물 적시는, 내 등 다독이는 어머니. 24시간 떠나지 않는 내 신앙인 어머니. 탁발과 공양으로 덕을 이루신 어머니. 내 죽은 뒤에도 부르짖을 어머니. 꿈에서도 걱정이신 어머니. 내 지문인 어머니.

먹어도먹어도 허한 밤 기억의 진물은 결코 마르지 않는다. 생인손 앓는 닳고 닳은 지문이건만 언제나 그 자리에 앉아 추억을 헤집을 때 가난이 천직인 詩가 있으니 배고플 일 없다고 골동품이 된 전차가 월사금 없어 자퇴한 중학교 교문 앞으로 이따금 지나간다.

-「탁발과 공양」 全文

삶과 죽음의 혼종성混種性 속에서 죽음의 유혹에 기울던 시인에게 구원의 여인은 어머니다. 그리고 탁발과 공양의 거룩한 그 어머니의 모성은 가난과도 같은 시詩를 쓰게 한 것이다. 그리하여 윤건영 시詩는 시큼씁쓸한 「날마다 소나기」, 답십리 평화시장 곱창 골목의 밤고양이처럼 허기진 「맨발로 걷는 달팽이」, 꽃의 배꼽에 매달리던 바람의 시詩 「만추」 그 구경究境의 경지에 도달하는 것이다.

삶과 죽음의 다리목에서 그의 시詩가, 어머니가 마침내 그 앞에 펼쳐준 구원의 날개, 저 광대무변한 만유 구원의 빛살 하늘의 손짓, 그 밝고 힘찬 날갯짓이었던 것이다.

어디에도 없다. 길이라고 여태 걸어왔던 길에 발자국이 없다.

발자국은 늘 무능한 허리춤에 매달려 있다는 착각의 열매를 떨쳐버린 뒤, 다시 저녁 노을 다시 아침 이슬에 손 씻는다. 그 때쯤이면 그 곳에 살고 있던 공허의 알몸 볼 수 있을 거라고 운다.

공약의 등을 짓밟고 다니는 에버랜드 별들은 사막의 전갈이라고 아직도 뻐꾹새, 소쩍새 울음. 노숙새 신음 듣지 못하는 복지의 사막에서 희로애락을 싣고 연이어 이착륙하고 있는 생로병사. 울고 웃으며 서로 나눠 가졌던 그 아름다운 편린인 동행의 기억 조용히 내려놓고 언젠가는 나도 저 하늘의 손짓을 향해 날개 달게 될 것이라고 운다.

마음이 귀를 열면 도마 위 칼의 비명도 목탁소리다.

-「마음이 귀를 열면」 全文

참으로 마음이 귀를 열면 그 마음의 주장자 시인(윤건영)의 말(마음)도 아름다운 것인가 보다. 예시처럼 아름다운 시도 흔치 않을 테니까. 예시의 후말행 "마음이 귀를 열면 도마 위 칼의 비명도 목탁소리다."는 시인의 거룩하신 어머니의 모성적 도탑고 애틋하기 그지없는 사랑의 언어가 그 귀한 시인 아드님의 시를 빌어 독자에게 전하는, 눈물겹도록 따뜻한 헌사일 터이다.

그의 고마우신 어머니로부터, 남은 한 번 태어나기도

불가능한데 두 번씩이나 거듭 태어난 윤건영 시인은 저 아름다운 마음의 집인 우리 몸을, 영혼을 떠메고 있는 조그마한 시체屍體로 볼 수 있는 거대한 해탈의 시인임을 평설글의 큰 덕담으로 피날레에 적어놓을까 한다.

이 시집 맨 앞장에 실리는 「태안 구레포」는 불교적으로 말하자면 구도의 만행시임을 본다. 시인은 이제 시쓰기가 만행, 만인을 구하는 고행임을 알아차려 기꺼이 그 실천궁행實踐躬行 영원한 삶의 길에 나선 것이다.

> 산소 호흡기에 기댄 죽음이 갸르릉크러릉 가쁜 숨을 몰아쉬며 묻습니다. 당신은 활짝 핀 목련꽃도 보지 못한 채, 봄이 어디에 있는가를 두 눈으로 자꾸만 묻고 있습니다.
>
> 한겨울에도 변함없이 벌거벗는 희망이 하나둘셋 눈앞을 가려 꽃잎만 하염없이 떨어집니다. 그 때, 탁발하려 수없이 왔다 간 모래사장을 공양의 장화발로 꼬옥꼭 밟아봅니다.
>
> 수석 만지듯 기름때 닦아 내다 한동안 들여다봅니다. 불붙이면 금방이라도 활활 타오를 새까만 내 마음조차 또 다른 희망의 강으로 가기 위해 갯냄새에 취합니다.
>
> -「태안 구레포」 全文

위 시는 시인(윤건영)이, 이 시집에 담긴 일백 편이 넘는 심적 고난의 극복 시학(poetics詩學) 소산 시편들에 아로새긴 화엄華嚴의 길로 나서던 심회이다. 화엄(석가세존의 큰 가르침인 이 화엄사상은 인간이 만상을 끌어안기 위해 자신의 육신도 소신, 불태워 버릴 수 있는 대도 무문의 정신이다.)의 길로 나설 수 있게 한 저 장엄한 시인의 깨우침을 주신 그의 어머니가 바로 이 윤건영 '화엄시' 의 길항적 화신化身이었음(예시들의 캐릭터 당신)을 드디어 우리는 확인할 수 있게 되었다.

특히 시편들에서 시인이 어머니를 모성을 기리고 감사하는 돈호사의 시니피엥(기표들), 그것은 바로 시인이 기어코 이루고야 말 희망임을 보게 된 것이다.(예시 후 말행)

자, 이제 우리는 인간의 덕행德行(휴머니즘)이야말로 인류 구원의 대도임을 시쓰기의 실천궁행으로 나선 윤건영 화엄시華嚴詩의 장엄한 전향성에 더없이 크고 맑은 한국말의 꽃밭을 여는 시인의 붓놀이가 춤추기만을 기다리는 일만 남았으리라-. ■